AF727744

4° F
870.

EXPOSÉ

DES

DISPOSITIONS PÉNALES CONCERNANT LES

DÉLITS CONTRE LES MŒURS

DANS DIVERS PAYS

PAR

AND. FÆRDEN
AVOCAT

CHRISTIANIA
TYPOGRAPHIE DE JOHANNES BJØRNSTAD
1891

Cet exposé est fait à la demande de la societé pour le progrès de la moralité de Christiania.
Tous droits sont réservés.

Introduction.

Si l'on examine les lois des différents pays, en ce qui concerne la pénalité des actes ou des faits contraires aux exigences que les bonnes mœurs imposent à tout citoyen, et si l'on recherche plus particulièrement ce qui, dans la législation criminelle est reconnu comme constituant un attentat aux mœurs, il est facile d'observer que même dans deux pays voisins, l'opinion des devoirs de l'Etat, á l'égard de la répression des actes et des faits considérés comme moralement rejetables et condamnables, est différente, et cette difference paraît dans l'appréciation pénale de ces délits et de ces crimes. Ces divergences de points de vue proviennent, en grande partie, de la différence existant dans le caractère des divers peuples et des influences de temps et de lieu, mais aussi des impulsions plus momentanés dans l'opinion des législateurs.

Comme exemple frappant, de ce qui est avancé ci-dessus, on peut nommer la différence notoire qui existe entre les peines dont l'adultère est passible d'après les lois des pays germains et celles des pays latins. D'après les législations française, italienne, belge et luxembourgeoise, etc, la femme est toujours passible de la peine dictée contre l'adultère, tandis que l'homme ne tombe sous le coup de la loi qu'autant qu'il entretient une concubine sous le toit conjugal. D'après le code pénali talien de 1889, l'homme donc encourt cette peine aussi quand il entretient («notoriamente») une concubine en dehors de la maison conjugale. Au contraire, d'après les législations norvégienne, suédoise, danoise, allemande, hollandaise, autrichienne, hongroise et la plupart de celles des cantons suisses l'homme est punissable au même degré que la femme.

Quelques nouvelles législations criminelles, telles que celle du canton suisse de Genève, (de 1874) et celle de l'état de New-York (de 1881) ne comportent pas de peines contre l'adultère.

L'inceste qui, partout ailleurs est l'objet de peines sévères (surtout d'après la loi norvégienne), n'est pas spécialement punie d'après les législations hollandaise, belge, luxembourgeoise, française espagnole et génevoise et d'après la loi italienne seulement quand il est l'objet d'un scandale public.

Dans les pays ou l'inceste est passible d'une peine, elle est trés différente selon les degrés de parenté (ou d'affinité)

La législation anglaise ne comporte que les poursuites ecclésiastiques contre l'inceste, l'adultère, etc. Mais je crois du reste que l'on pourrait dire avec raison que la modération qui se fait jour dans les législations française, espagnole, italienne et en somme dans toutes les législations de pays catholiques, dans la répression de crimes qui d'après nous sont capitaux, ne provient pas seulement du point de vue avancé et progressif de ce pays, mais qu'on doit aussi l'attribuer partiellement à la discipline ecclésiastique qui est exercée dans ces pays et que nous ne connaissons pas.

L'attention, douloureuse pour les parties, qu'une poursuite judiciaire pour attentat aux mœurs attirerait sur elles, dont l'une est presque toujours le victime d'une séduction, et l'occasion procurée, par les débats scandaleux, aux mauvais penchants de se faire jour, semble aussi en grande partie avoir dicté la modération des legislateurs.

Les lois pénales de chaque pays ont sur ce terrain leurs lacunes qui, il semble y avoir tout lieu de le penser, ne sont que par exception la faute ou l'oubli des législateurs, mais sont plutôt le résultat d'une impossibilité pratique de faire autrement. A cause des nombreuses raisons plaidant en faveur du pour et du contre, les législateurs, lors de la rédaction ont du discuter longtemps et réfléchir longtemps avant de tomber d'accord sur les dispositions des outrages aux mœurs.

Il est donc très plausible que, malgré l'influence qu'un point de vue différent en grande partie a eu sur les dispositions pénales des lois des autres pays, — celles-ci ne sont peut-être pas moins dignes d'être prises en considération par nos rédacteurs de lois en ce qui concerne la répression des attentats aux mœurs qu'en ce qui a rapport aux autres délits et crimes.

Pour cette raison la societé pour le progrès de la moralité de Christiania m'a chargé de donner un aperçu comparatif des dispositions pénales des différents pays relativement aux attentats aux mœurs. Il a donc été nécessaire de restreindre un peu le cadre de mon ouvrage, celui-ci ayant surtout en vue les pays scandinaves; c'est pourquoi aussi, je ne donne, dans l'exposé suivant, de copies textuelles, qu'autant qu'elles concernent spécialement les points de l'une ou de l'autre des législations criminelles scandinaves qui devront faire l'objet d'une revision ou d'un complément.

Dans le table des lois ci-après (pages 53—58) le contenu des dispositions dont le texte n'est pas cité est cependant indiqué.

Quatre étoiles (* * * *) après le nom d'un pays sous un titre quelconque indiquent que nulle disposition n'est trouvée dans mes sources correspondant au titre.

En terminant, je me permets de présenter mes plus chaleureux remerciements à tous ceux qui, par leur obligeance à me procurer les renseignements que je leur ai demandés, m'ont mis à même d'accomplir cette œuvre.

And. Færden.

Table des matières.

I. Commerce illégitime entre personnes libres — Procréation d'enfants naturels — Concubinage.

Quiconque aura rendu enceintes trois femmes sans se marier depuis avec aucune de celles ci, sera puni d'emprissonnement. La même peine subira la femme qui se fait rendre enceinte trois fois par des hommes différents. Sera puni de travaux forcés ou d'emprisonnement l'homme qui encore rend enceinte une femme, ou la femme qui se fait rendre enceinte encore, sans se marier depuis avec aucune des personnes, avec lesquelles des enfants tellement ont eté procréés. (chap. 18 § 25.) *Norvège.*

Les personnes non mariées qui cohabitent à la manière d'époux, seront punies d'amende ou d'emprisonnement. Pour juger s'il y a de la cohabitation illégale, il ne faut pas prendre égard à la communauté des revenus et des dépenses. En cas de récidive les coupables seront punis d'emprissonement ou des travaux forcés de 6 mois à 3 ans. Les peines mentionnées au présent paragraphe ne seront pas executoires si l'un des coupables aura entré en mariage légal. (chap. 18 § 22).

L'homme libre qui connait charnellement une femme non mariée hors des cas d'ailleurs mentionnés, sera puni comme coupable de «lönskaläge» d'une amende de 5 à 100 couronnes. Pourtant celle peine sera seulement infligée si l'homme, à la demande de la femme ou son tuteur, faut être chargé par l'autorité publique de donner des aliments à l'enfant procréé dans la-dite commerce. (chap 18 § 9). *Suède.*

Les personnes des deux sexes qui, quoique admonestés par l'autorite publique de se séparer, ne rompent pas leur cohabitation donnant du scandale, serons punies d'emprisonnement. (§ 178). *Danemark.*

Every person who commits incest, adultery, fornication or any other deadly sin (not punishable at common law), is liable upon conviction thereof in an ecclesiastical court to be directed to do penance, and to be excommunicated and to be imprisoned for such term not exceeding 6 months as *Angleterre.*

the court pronouncing the sentence of excommunication may direct (13 Edw. 1, c. 4; 53 Geo. 3. c. 127 §§ 1—3, comp. «A digest of the criminal law» by *J. F. Stephen*, art 170. *)

France. * * * *

Belgique. * * * *

Luxembourg. * * * *

Hollande. (*Pays-Bas.*) * * * *

Empire d'Allemagne * * * *

Cantons suisses.

Appenzell-Rh.-Ext. Commerce illégitime entre des personnes libres sera puni par une amende jusqu'à 40 frcs.

B'le-campagne. «Viert oder mehrmalige aussereheliche Schwangerschaft» sera puni par un emprisonnement jusqu'à 1 an ou par une amende.

Berne. Konkubinat wird mit Gefängniss bis zu 30 Tagen bestraft, womit Geldbusse bis zu 100 Fr. verbunden werden kann. (§ 163).

Glaris. Weibspersonen welche sich zum zweiten oder mehreren Male ausserehelich schwängern lassen, sollen mit Gefängniss oder Arbeitshaus bis auf 6 Monate bestraft werden. (§ 85)

Grisons. Unzuchtsvergehen werden, abgesehen von allfällig damit verbundenem Ehebruch, so wohl für die Mannsperson als für die Weibsperson, mit einer Geldbusse bis zu Fr. 20 bestraft; haben aber die Betroffenen erwiesenermassen im Concubinate gelebt, so wird Gefängniss bis auf 14 Tage, oder Geldbusse bis auf Fr. 70 erkannt. Mit dieser letztern Strafe kann, wo es zulässig erscheint, auch Verweisung aus dem Kanton oder Kreis bis auf 2 Jahre verbunden werden. (Polizeistrafgesetz § 18).

Lucerne. Unehelicher Beischlaf wird mit einer Geldbusse von 20—80 Fr. bestraft. Im Wiederholungsfalle ist die Strafe zu verdoppeln (im dritten Falle mit Eingrenzung oder Arbeitshausstrafe von 1 bis 2 Jahren belegt). Personen, welche in ausserehelichen Geschlechtsverbindung in einer Wohnung zusammenleben, werden mit Gefängniss von 2 bis 6 Wochen bestraft. (Polizeistrafgesetz §§ 144—5).

*) Suivant *Stephen*, à l'endroit cité, les lois susdenommées ne sont donc à présent appliquées qu'à l'égard de l'inceste.

Einfache Unzucht wird im ersten Falle polizeilich mit einer Geldbusse von Fr. 20 bis 40, im Rückfalle gerichtlich mit Geldbusse von Fr. 40 allein oder in Verbindung mit Gefängniss bis auf 3 Monate bestraft. Die vor dem Vollzug der Strafe erfolgte Verehelichung der Fehlbaren setzt die Straferkanntniss ausser Kraft. (§ 177). *Saint-Gall.*

Unverheirathete Personen verschiedenen Geschlechts, welche, sei es in der Absicht eine Ehe einzugehen oder ohne diese Absicht, wie Eheleute zusammenleben, werden mit Gefängniss bis auf 1 Monat oder Geldbusse bis auf 100 Franken bestraft. (§ 186). *Schaffhouse.*

«Unzucht» et «dritte ausserheliche Schwangerschaft» sont reprimés par des peines de police. *Schwyz.*

Fleischlicher Umgang zwischen zwei ledigen Personen verschiedenen Geschlechts wird an jedem schuldigen Theil im ersten Fall mit 25—60 (bei erschwerenden Fällen bis auf 70) Franken bestraft. Im Wiederholungsfalle ist die Strafe 50—100 (bei erschwerenden Fällen bis auf 120) Franken. Dabei kann auch Eingrenzung bis auf 2 Jahre ausgesprochen werden. *Unterwalden-le-Haut.*

Dem zweiten Fall kann bei erschwerenden Umständen Einstellung im Aktivbürgerrecht bis auf 3 Jahre folgen. (Polizeistrafgesetz § 106).

Eine Person, welche bereits 2 Mal wegen Unzucht verurtheilt wurde, ist im dritten Falle mit Arbeitshausstrafe von 6 Monaten bis 1 Jahr oder Geldstrafe von 120—300 Franken zu belegen, auch erfolgt Gemeinde-Eingrenzung bis auf 3 Jahre und Einstellung im Aktivbürgerrecht bis auf 6 Jahre. Arbeitshaus- und Geldstrafe können in angemessener Zusammerechnung ausgesprochen werden. (Polizeistrafgesetz § 107).

Verbotener fleischlicher Umgang zwischen Ledigen im dritten Rückfalle wird im ersten daherigen Kriminalfalle mit einer Geldstrafe von 200 bis 500 Franken oder mit Gefängniss oder Zuchthaus bis auf 2 Jahren bestraft. Unter Umständen kann auch Geldstrafe und Gefängniss in angemessenem Verhältniss mitsammen verhängt werden. In weiteren Rückfällen tritt Gefängniss oder Zuchthaus von 18 Monaten bis 4 Jahre ein. (Kriminalstrafgesetz § 70).

Wenn 2 Personen sich konkubinatsgemäss öftern Beischlaf gestattet haben, oder wenn eine Person mit verschiedenen Personen andern Geschlechts Unzucht trieb, so ist die erste Strafe 50—200 Franken oder angemessene Freiheitsstrafe. Eingrenzung bis auf 2 Jahre und Einstellung im Aktivbürgerrecht bisauf 4 Jahre kan erfolgen. (Polizeistrafgesetz § 111).

Wegen ausserehelicher Schwängerung tritt im ersten Falle Geldbusse bis auf Fr. 50, im Rückfalle Geldbusse oder Gefängniss bis auf 4 Wochen ein. (§ 101). *Zoug.*

Italie. * * * *

Autriche. * * * *

Hongrie. * * * *

Russie. L'article 994 du code en effet inflige pour concubinage une pénitence ecclésiastique selon la sentence de l'autorité de l'Eglise. Selon le projet du nouveau code pénal ne seront punis ni le simple commerce illicite ni le concubinage.

Finlande. Wenn in andern als den obengenannten Fällen unverheiratete Personen mit einander Beischlaf üben, so wird wegen ausserehelichen Beilagers («lönskaläge») der Mann zu Geldstrafe bis zu 40 Mark und die Frau zu Geldstrafe bis zu 20 Mark verurteilt.

Ein Hausherr, der seiner Dienstmagd beischläft, wird wegen ausserehelichen Beilagers mit Geldstrafe von 40 bis zu 200 Mark bestraft.

Wenn diejenigen, die ausscreheliches Beilager mit einander gehabt haben, die Ehe mit einander eingehen, so bleiben sie straflos. (chap. 20 § 9).

Etats-Unis d'Amerique.

Connecticut. Every person who shall be guilty of fornication, or lascivious carriage or behavior, shall be fined not more than 7 dollars or imprisoned not more than 30 days or both. (sect. 1558, G. S.).

Massachusets If a man commits fornication with a single woman, each of them shall be punished by imprisonment in the jail not exceeding 3 months or by fine not exceeding 30 doll. (G. S. Chap. 207 sect. 8).

Af a man and woman, not being married to each other, lewdly and lasciviously associate and cohabit together, or if a man or woman, married or unmarrid, is guilty of open and gross lewdness and lascivious behavior, every such person shall be punished by imprisonment in the state prison not exceeding 3 years, or in the jail not exceeding 2 years, or by fine not exceeding 300 doll. (G. S. chap. 207 sect. 6).

Minnesota. If any man and a single woman cohabit together, they shall both be guitly of fornication and be punished by imprisonment in the county jail not more than 30 days or by fine not exceeding 30 doll. (Penal code, sect. 263).

II. Séduction sous promesse de mariage — ou en simulant l'existence d'un mariage régulier etc.

Quiconque âgé de plus de 21 ans accomplis ayant rendu enceinte sa fiancée ou d'autre femme qui se lui est donnée en confiance d'une promesse de mariage, aura sans cause admissible refusé d'épouser la femme séduite, sera puni d'emprisonnement ou d'amende. S'il a fait lui-même les obstacles au mariage, il subira la même peine. Si le coupable lors de la séduction a su d'avance, qu'il y avait des obstacles, il sera puni des travaux forcés de 6 mois à 3 ans ou d'emprisonnement. Dans le cas prévu par la premiére section de cet article, il sera considéré refus fait si le mariage n'a pas eté conclus au bout d'un an après les couches. (chap. 18 § 24) *Norvége.*

* * * * *Suède.*

Celui qui obtient d'une femme l'accomplissement de l'acte sexuel en lui induisant à croire qu'un mariage regulier aura été conclus, ou en profitant d'une erreur en vertu de laquelle la femme aura supposé qu'elle consommait l'acte du mariage, sera puni des travaux forcées jusqu'à 8 ans (§ 172). *Danemark.*

* * * * *Angleterre.*

* * * * *France.*

* * * * *Belgique.*

* * * * *Luxembourg*

* * * * *Hollande. (Pays-Bas).*

Wer eine Frauensperson zur Gestattung des Beischlafs dadurch verleitet, dass er eine Trauung vorspiegelt, oder einen anderen Irrthum in ihr erregt oder benutzt, in welchem sie den Beischlaf für einen ehelichen hielt, wird mit Zuchthaus bis zu 5 Jahren bestraft. *Empire d'Allemagne.*

Sind mildernde Umstände vorhanden, so tritt Gefängnisstrafe nicht unter 6 Monaten ein (§ 179).

Cantons suisses. *Lucerne.* Das Verbrechen der Schändung (puni par «Zuchthaus» jusqu'à 6 ans) begeht wer durch vorgespiegelte Trauung oder durch einen andern Betrug eine Weibsperson in einen solchen Irrthum versetzt, in welchem sie sich zu dem gestatteten Beischlafe für verpflichtet halten musste (§ 189).

Neufchâtel. Celui qui obtient d'une femme l'accomplissement de l'acte sexuel en simulant l'existence d'un mariage régulier, ou en lui laissant croire qu'il est son mari, sera puni de la réclusion jusqu'à 2 ans. (Projet de code pénal de 1889 § 273).

Schaffhouse. Wer eine Frauensperson zur Gestattung des Beischlafs durch Erregung oder Benutzung eines Irrthums verleitet, vermöge dessen sie den Beischlafs für einen ehelichen hielt, soll mit Gefängniss ersten Grades, in schwereren Fällen mit Zuchthaus bis zu 4 Jahren bestraft werden (§ 179).

Soleure. — — — «mit Einsperrung bis zu 5 Jahren» — — — — — — —.

Thurgovie. — — «Gefängnis oder Arbeitshaus bis zu 2 Jahren» — — — —.

Tessin. Celui qui sous promesse de mariage ou par d'autres ruses aura séduit une fille honête ayant plus de 16 ans mais au-dessous de l'âge de 20 ans accomplis et l'aura rendu enceinte, sera puni de détention de 3 mois à 2 ans (art. 348 § 3).

Zoug & Zurich. (§ 94) presque comme *Schaffhouse* ci-dessus («Zuchthaus» jusqu'à 10 ans)
(§ 114) — — — — — — — 8 —).

Italie. * * * *

Autriche. Die Verführung und Entehrung einer Person unter der nicht erfüllten Zusage der Ehe, soll als Uebertretung mit strengem Arreste von 1 Monate bis zu 3 bestraft werden (§ 506).

§ 190 du projet de code pénal de 1889 est concu dans les mêmes termes que le § 179 susmentionné du code allemand — avec une commination de «— — — Zuchthaus bis zu 5 Jahren oder — Gefängnis nicht unter 6 Monaten».

Hongrie. Wer einer Frauensperson vorspiegelt dass er ihr Gatte sei, und deren Irrthum missbraucht, um mit ihr Beischlaf zu pflegen, begeht ein Unzuchtsverbrechen und wird mit Kerker bis zu 3 Jahren bestraft (§ 245).

Russie. Selon le code en effet la connaissance charnelle avec une femme qui a été induite à croire qu'elle consommait l'acte du mariage, n'est punnissable que comme fraude qvalifié. Le projet d'un nouveau code pénal, art. 63, donc prescrit ce qui suit:

Der Beischlaf mit einer Frauensperson, welche in Folge einer von dem Schuldigen bewirkten Täuschung voraussetzt, das sie den Beischlaf mit ihrem Ehemanne vollziche, wird mit Korrektionshaus nicht unter 3 Jahren bestraft.

Séduction sous promesse de mariage est punissable en vertu de l'art. 1531 du code en effet par perte de droits et privilèges specials et clôture dans une maison correctionelle pour un terme d'un an et quatre mois jusqu'à 2 ans. — Le projet de code au contraire ne connaît pas de peine speciale pour ce delit, mais l'infligera de peine pour fraude avec contractants civils.

* * * * *Finlande.*

Etats-Unis d'Amerique.

Minnesota. & New-York

A person who, under promise of marriage, seduses and sexual intercourse with an emenarried female of previous chaste character, is punishable by imprisonment for not more than 5 years, or by a fine of not more than 1000 dollars. (***Minnesota***, sect. 242, *New-York*, sect. 284).

Canada.

Tout individu ayant plus de 21 ans qui, sous promesse de mariage, séduit une personne de sexe non mariée, âgée de moins de 18 ans et de mœurs chastes jusque-là, et a un commerce illicite avec elle, est coupable de délit et passible de 2 ans d'emprisonnement (S. R chap. 157 sect. 4).

Tout individu qui, en se faisant passer pour son mari, induit une femme mariée à lui permettre d'avoir des relations sexuelles avec elle, est coupable de viol (53 Vict. (1890) chap. 37 sect. 14).

Nouvelles Galles du Sud.

Whosoever by any false pretence, false representation, or other fraudulent means or by the use of any intoxicating drug has illicit carnal connection with a woman — and whosoever has carnal knowledge of a woman with her consent, under the belief, induced by the language or conduct of the accused, that he was her husband, shall be liable to penal servitude for 14 years (sect. 40).

III. Séduction ou corruption de mineurs — Rapports illicites avec des personnes subordonnées.

Norvège. Quiconque aura abusé une femme âgée de plus de 12, mais moins de 15 ans, sera puni des travaux forcés de 6 mois à 3 ans ou d'emprissonnement. L'abus d'une femme n'ayant pas atteint l'âge de 12 ans sera considéré comme viol, bien quelle y aie consenti. (chap. 18 § 19)

Les parents, les tuteurs, les instituteurs et d'autres qui auront debauché ou prostitué leurs enfants ou les personnes soumises à leur autorité ou confiées à leurs soins — — seront condamnés à des travaux forcés de 6 mois à 6 ans. (chap. 18 § 29 *).

Quiconque aura eu commerce illicite avec la femme qu'il s'est chargé d'instruire ou d'éduquer, ou avec son enfant adoptive ou sa pupille, sera puni des travaux forcés de 6 mois à 3 ans ou d'emprisonnement; seulement la peine dernière sera toujours infligée s'ils se seront mariés depuis. (chap. 18 § 17).

La même peine sera applicable au directeur, à l'administrateur ou au surveillant de pénitencier, de prison, de maison de charité, d'orphelinat ou d'un semblable établissement qui aura eu commerce illicite avec une femme confiée à sa garde. (chap. 18 § 18).

Suède. Celui qui aura abusé une femme âgée de moins de 12 ans, sera puni des travaux forcés de 4 à 8 ans, mais s'il en est résulté une lésion corporelle grave ou la mort de la femme, la peine sera celle des travaux forcés de 8 à 10 ans ou à perpétuité. Celui qui aura abusé une femme âgée de plus de 12 ans, mais de moins de 15 ans accomplis, sera puni de travaux forcés, qui n'excéderont pas 2 ans ou d'un emprisonnement de 6 mois au plus (chap. 18 § 7).

Tout maître de catéchisme ou d'école, tout éducateur ou gouverneur qui aura abusé les jeunes personnes commises à son instruction ou éducation, ainsi que les parents adoptifs ou les tuteurs qui auront abusé leurs pupilles, seront punis des travaux forcés de 6 mois à 4 ans ou d'emprisonnement. Les administrateurs, les directeurs, ou les d'autres fonctionnaires ainsi que les medecins, les gardiens ou surveillants de pénitenciers, de prisons, de maisons de refuge, d'hôpitaux, d'orphelinats et de pareils établissements auront eu des

*) En vertu du § précédent (§ 28) la prostitution des personnes indiquées, par intérêt, sera punie des travaux forcés de 3 ans et 1 mois jusqu'à 9 ans.

commerces charnels avec des femmes y reçues, seront punis des travaux forcés jusqu'à 2 ans ou d'un emprisonnement pas au dessous de 6 mois. (chap. 18 § 6).

Quiconque aura abusé une fille âgée de moins de 12 ans, sera condamné *Danemark* à des travaux forcés jusqu'à 8 ans, si nulle peine plus sévère ne peut être infligée pour ce crime-ci. (§ 173).

Celui qui aura séduit une fille âgée de 12 à 16 ans, sera puni d'un emprisonnement de 2 mois au moins, ou, s'il y a des circonstances aggravantes, des travaux forcés jusqu'à 4 ans. (§ 174).

Les parents, les tuteurs, les instituteurs ou d'autres qui auront débauché leur enfants, leurs pupilles ou les personnes, commises à leurs soins ou à leur instruction, seront punis des travaux forcés jusqu'à 6 ans (§ 183, moment 1).

Celui qui, en abusant de son autorité ou de son pouvoir, aura obtenu l'accomplissement de l'acte sexuel avec son enfant adoptive ou avec une femme confiée à son instruction et éducation, sera puni des travaux forcés jusqu'à 6 ans ou, s'il y a des circonstances atténuantes, d'un emprisonnement au pain et à l'eau de 2 fois 5 jours. (§ 166).

Le directeur, l'administrateur ou le surveillant de prison, de pénitencier de maison de charité, d'orphelinat, d'hôpital ou d'un établissement semblable qui aura connu charnellement une femme confiée à sa garde, sera puni d'emprisonnement ou, s'il y a des circonstances aggravantes, des travaux forcés jusqu'à 2 ans (§ 167).

(4). Any person who — unlawfully and carnally knows any girl under *Angleterre.* the age of 13 years shall be guilty of felony, and being convicted thereof shall be liable at the discretion of the court to be kept in penal servitude for life, or for any term not less than 5 years, or to be imprisoned for any term not exceeding 2 years, with or wihout hard labour.

Any person who attempts to have unlawfull carnal knowledge of any girl under the age of 13 years shall be guilty of a misdemeanor, and being convicted thereof shall be liable at the discretion of the court to be imprisoned for any term not exceeding 2 years, with or without hard labour.

(5). Any person who — 1) Unlawfully and carnally knows or attempts to have unlawfull carnal knowledge of any girl being of or above the age of 13 years and under the age of 16 years; or 2) — — — — shall be guilty of a misdemeanor, and being convicted thereof shall be liable at the discretion of the court to be imprisoned for any term not exceeding 2 years, with or without hard labour. (48 & 49 Vict. c. 69 ss. 4 & 5).

Any person who —

1). Procures or attempts to procure any girl or woman under twenty-one years of age, not being a common prostitute, or of known immoral character, to have unlawful carnal connexion, either within or without the Queen's dominions, with any other person or persons; or

2) Procures or attempts to procure any woman or girl to become, either within or without the Queen's dominions, a common prostitute; or

3) Procures or attempts to procure any woman or girl to leave the United Kingdom, with intent that she may become an inmate of a brothel elsewhere; or

4) Procures or attempts to procure any woman or girl to leave her usual place of abode in the United Kingdom (such place not being a brothel), with intent that she may, for the purposes of prostitution, become an inmate of a brothel within or without the Queen's dominions,

shall be guilty of a misdemeanor, and being convicted thereof shall be liable at the discretion of the court to be imprisoned for any term not exceeding two years, with or without hard labour. (48 & 49 Vict. c. 69 sect. 2).

Any person who —

1) By threats or intimidation procures or attempts to procure any woman or girl to have any unlawful carnal connexion, either within or vithout the Queen's dominions; or

2) By false pretences or false representations procures any woman or girl, not being a common prostitute or of known immoral character, to have any unlawful carnal connexion, either within or without the Queen's dominions; or

3) Applies, administers to, or causes to be taken by any woman or girl any drug, matter, or thing, with intent to stupefy or overpower so as thereby to enable any person to have unlawful carnal connexion with such woman or girl,

shall be guilty of a misdemeanor, and being convicted thereof shall be liable at the discretion of the court to be imprisoned for any term not exceeding 2 years, with or without hard labour. (48 & 49 Vict. c. 69 sect. 3).

Any person who, being the owner or occupier of any premises, or having, or acting or assisting in, the management or control thereof —

induces or knowingly suffers any girl of such age as is in this section mentioned to resort to or be in or upon such premises for the purpose of being unlawfully and carnally known by any man, whether such carnal knowledge is intended to be with any particular man or generally,

1) shall, if such girl is under the age of 13 years, be guilty of felony, and being convicted thereof shall be liable at the discretion of the court to be kept in penal servitude for life or for any term not less than 5 years,

or to be imprisoned for any term not exceeding 2 years, with or without hard labour; and

2) if such girl is of or above the age of 13 and under the age of 16 years, shall be guilty of a misdemeanor, and being convicted thereof shall be liable at the discretion of the court to be imprisoned for any term not exceeding 2 years, with or without hard labour (48 & 49 Vict. c. 69 sect. 6).

Quiconque aura attenté aux mœurs, en excitant favorisant ou facilitant habituellement la débauche ou la corruption de la jeunesse de l'un ou de l'autre sexe au-dessous de l'âge de 21 ans, sera puni d'un emprisonnement de 6 mois à 2 ans, et d'une amende de 50 francs à 500 francs. Si la prostitution ou la corruption a été excitée, favorisée ou facilitée par leurs père, mère, tuteur ou autres personnes chargées de leur surveillance, la peine sera de 2 ans à 5 ans d'emprisonnement, et de 300 francs à 1000 francs d'amende (art. 334). *France.*

Si — — — (un attentat à la pudeur consommée ou tenté avec violence contre des individus de l'un ou de l'autre sexe) à été commis sur la personne d'un enfant au-dessous de l'âge de 15 ans accomplis, le coupable subira la peine des travaux forcés à temps. (art. 332). Si les coupables sont — — — de la classe de ceux qui ont autorité sur la personne sur laquelle à été commis l'attentat, s'ils sont ses instituteurs ou ses serviteurs à gages ou serviteurs à gages des personnes ci-dessus désignées, s'ils sont fonctionaires ou ministres du culte, ou si le coupable, quel qu'il soit, a été aidé dans son crime par un ou plusieurs personnes, la peine sera celle des travaux forcés à perpétuité, dans les cas prévus par l'art. précédent (art. 333)

Tout attentat à la pudeur commis sans violence ni menaces, sur la personne ou à l'aide de la personne d'un enfant de l'un ou de l'autre sexe âgé de moins de quatorze ans accomplis, sera puni d'un emprisonnement, de 1 an à 5 ans. La peine sera la reclusion, si l'enfant était âgé de moins de 11 ans accomplis. (art. 372).

L'attentat à la pudeur, commis avec violence ou menaces, sur des personnes de l'un ou de l'autre sexe, sera puni d'un emprisonnement de 6 mois à 5 ans.

Si l'attentat a été commis sur la personne d'un enfant au-dessous de l'âge de 14 ans accomplis, le coupable subira la reclusion. (art. 373).

Le minimum des peines portées par les articles précédents sera élevé conformément à l'art. 266*):

*) Hors le cas où la loi règle spécialement les peines encourues pour crimes ou pour délits commis par les fontionnaires ou officiers publics, ceux d'entre eux qui se seront rendus coupables d'autres crimes ou d'autres délits qu'ils étaient chargés de prévenir, de constater, de poursuivre ou de réprimer, seront condamnés aux peines attachées à ces crimes ou à ces délits, dont le minimum sera doublé, s'il s'agit de l'emprisonnement, et élevé de deux ans, s'il s'agit de la reclusion, de la détention et des travaux forcés à temps. (art. 266).

Si les coupables sont les ascendants de la personne sur laquelle ou à l'aide de laquelle l'attentat a été commis;

S'ils sont de la classe de ceux qui ont autorité sur elle;

S'ils sont ses instituteurs ou ses serviteurs à gages, ous les serviteurs des personnes ci-dessus désignées;

Si l'attentat a été commis, soit par des fonctionnaires publics ou des ministres d'un culte qui ont abusé de leur position pour le commettre, soit par des médecins, chirurgiens, accoucheurs ou officiers de santé, envers des personnes confiées à leurs soins;

Enfin, si dans les cas de l'art. 373 le coupable, quel qu'il soit, a été aidé, dans l'exécution du crime ou du délit, par une ou plusieurs personnes. (art. 377).

Quiconque aura attenté aux mœurs, en excitant, facilitant ou favorisant habituellement, pour satisfaire les passions d'autrui, la débauche ou la corruption des mineurs de l'un ou de l'autre sexe, sera puni d'un emprisonnement de 3 mois à 2 ans, si les mineurs sont âgés de plus de 14 ans accomplis, et de 2 ans à 5 ans d'emprisonnement, si les mineurs n'ont pas atteint cet âge. (art. 379).

Le fait énoncé à l'article précédent sera puni de la reclusion, s'il a été commis envers un enfant qui n'avait pas accompli sa onzième année. (art. 380)

Le minimum des peines portées par les articles précédents sera élevé conformément à l'art. 266:

Si les coupables sont les ascendants de la personne prostituée ou corrompue;

S'ils sont de la classe de ceux qui ont autorité sur elle;

S'ils sont ses instituteurs, ses serviteurs à gages ou serviteurs des personnes ci-dessus désignées;

S'ils sont fonctionnaires publics ou ministres d'un culte.

Les coupables (en vertu des art. 379—381) pourront, de plus, être placés sous la surveillance spéciale de la police, pendant 5 ans au moins et 10 ans au plus. (art. 382).

Luxembourg Les articles correspondants du code de Luxembourg sont conformes à ceux du code belge — ci-dessus.

Hollande. *(Pays-Bas)* Wer den Beischlaf mit einem Mädchen unter 12 Jahren vollzieht, wird mit Gefängniss bis zu 12 Jahren bestraft (art. 244). Wer den Beischaf mit einer Frauensperson zwischen 12 und 16 Jahren vollzieht, wird mit Gefängniss bis zu 8 Jahren bestraft (art. 245).

Mit Gefängniss bis zu 6 Jahren wird Unzucht bestraft, wenn sie begangen wird:

1) durch Eltern, Vormünder, Nebenvormünder, Geistliche, oder Lehrer mit den ihrer Pflege anvertrauten Minderjährigen;

2) durch Vorsteher oder Aufseher in Etablissements, Werkstätten oder Fabriken mit ihren minderjährigen Bediensteten oder Untergebenen;

3) durch Beamte mit Personen, welche ihren Gewalt unterworfen oder ihrer Aufsicht anvertraut sind;

4) durch Vorsteher, Aertzte, Lehrer, Beamte, Aufseher oder Bedienstete in Strafanstalten, Besserungshäusern, Erziehungsanstalten, Waisenhäusern, Krankenhäusern, Irrenanstalten oder Wohlthätigkeitsanstalten mit darin aufgenommenen Personen.

Die in diesem Artikel bezeichneten Verbrechen werden nicht verfolgt, wenn der Thäter die Minderjährige geheiratet hat (art. 249).

Empire d'Allemagne

Mit Zuchthaus bis auf 5 Jahren werden bestraft:

1) Vormünder, welche mit ihren Pflegebefohlenen, Adoptiv- und Pflegeeltern, welche mit ihren Kindern, Geistliche, Lehrer und Erzieher, welche mit ihren minderjährigen Schülern oder Zöglingen unzüchtige Handlungen vornehmen;

2) Beamte, die mit Personen, gegen welche sie eine Untersuchung zu führen haben oder welche ihrer Obhut anvertraut sind, unzüchtige Handlungen vornehmen;

3) Beamte, Aertzte oder andere Medicinalpersonen, welche in Gefängnissen oder in öffentlichen zur Pflege von Kranken, Armen oder anderen Hülflosen bestimmten Anstalten beschäftigt oder angestellt sind, wenn sie mit den in das Gefängniss oder in die Anstalt aufgenommenen Personen unzüchtige Handlungen vornehmen. Sind mildernde Umstände vorhanden, so tritt Gefängnissstrafe nicht unter 6 Monaten ein. (§ 174)

Mit Zuchthaus bis zu 10 Jahren wird bestraft, wer — — — — —

3) mit Personen unter 14 Jahren unzüchtige Handlungen vornimmt oder dieselben zur Verübung oder Duldung unzüchtiger Handlungen verleitet.

Sind mildernde Umstände vorhanden, so tritt Gefängnissstrafe nicht unter 6 Monaten ein (§ 176).

Wer ein unbescholtenes Mädchen, welches das 16te Lebensjahr nicht vollendet hat, zum Beischlafe verführt, wird mit Gefängniss bis zu 1 Jahre bestraft (§ 182).

Cantons Suisses.

Appenzell-Rh.-Ext.

Wer ein unreifes Mädchen missbraucht, macht sich des Verbrechens der Schändung schuldig. Die Strafe ist Gefängniss mit oder ohne Geldbusse und in schweren Fällen Zuchthaus. (§ 96).

Eltern, Pflegeeltern und Vormünder, welche ihre Kinder, Pflegebefohlenen oder Mündel; Geistliche, Lehrer, und Erzieher, welche ihre Schüler und Zöglinge; in Heil- und Pflegeanstalten, Gefängnissen und dgl. angestellte Beamte, Aertzte, Geistliche oder Bedientsete, welche die in diesen Anstalten aufgenommenen Personen zur Unzucht verleiten, oder unzüchtige Handlungen mit ihnen begehen, sind der Verführung von Pflegebefohlenen zur Unzucht schuldig and dafür — — — mit Gefängniss oder auch mit Zuchthaus bis auf 5 Jahre zu bestrafen. (§ 100).

Argovie. «Schändung» (comp. *Appenzell-Rh.-Ext.* § 96 ci-dessus) sera puni de «Zuchthaus» de 4 à 8 ans — ou à de certaines conditions plus sévèrement (§§ 101—2).

Eltern, Pflegeeltern, Vormünder, Lehrer, Erzieher, Seelsorger, Lehrmeister, welche eine ihnen zur Erziehung oder zum Unterricht anvertraute unmündige Person Jemanden wissentlich zur Unsucht überlassen oder Pflegeeltern, Vormünder, Lehrer, Erzicher, Seelsorger, Lehrmeister, welche eine solche Person selber sur Unzucht missbrauchen machen sich des Verbrechens der Verfuhrung schuldig, mit Zuchthausstrafe von 2 bis zu 6 Jahren belegt. (§§ 98—9).

Bâle. Mit Zuchthaus bis zu 12 Jahren wird bestraft, wer mit Mädchen unter 14 Jahren Beischlaf begeht. (§ 91).

Wer ein unbescholtenes Mädchen von 14 bis 16 Jahren zum Beischlaf oder zur unnatürlichen Wollust verführt, wird mit Gefängniss bestraft. (§ 95).

Mit Zuchthaus bis zu 5 Jahren oder Gefängniss nicht unter 6 Monaten werden bestraft: Adoptiv- und Pflegeeltern, welche mit ihren Adoptiv- und Pflegekindern; Vormünder, Geistliche, Lehrer und Erzieher, welche mit ihren Mündeln, Schülern, und Zöglingen unter 18 Jahren — — —; Beamte, Aerzte und Bedientstete von Gefängnissen und öffentlichen Heil- und Armenanstalten, welche mit den in der Anstalt aufgenommenen Personen, ebenso Beamte, welche mit Personen, gegen die sie eine Untersuchung zu führen haben, den Beischlaf verüben. (§ 90).

Mit Zuchthaus bis zu 3 Jahren oder Gefängniss nicht unter 1 Monat werden bestraft:

1) — — — die in § 90 genannten — — —, welche mit den dort bezeichneten Personen unzuchtige Handlungen vornehmen, sofern nicht Bestrafung nach — § 90 eintritt;

2) wer mit einem Kinde unter 14 Jahren, oder mit bewusstlosen, oder blödsinnigen, oder sonst geisteskranken Personen vornimmt, sofern nicht Bestrafung nach § 91 — — eintritt;

3) wer mittelst Gewalt oder Drohung an einer Person unzuchtige Handlungen begeht — — —. (§ 94).

Berne. Wer mit jungen Leuten des einen oder des andern Geschlechts unter 16 Jahren unzüchtige Handlungen begeht, die nicht unter eine strengere Bestimmung dieses Titels fallen, oder die Unsucht der selben begünstigt, wird mit Gefängniss bis zu 60 Tagen oder mit Korrektionshaus bis zu 2 Jahren oder mit Geldbusse bis zu 1000 Franks bestraft. (§ 165).

Personen z. B. Eltern, Pflegeeltern, Vormünder, Lehrer u. s. w., die mit Minderjährigen, über die sie eine pfligtmässige Aufsicht zu führen haben, unzüchtige Handlungen begehen, oder welche dieselben zur Begehung solcher Handlungen verleiten oder die Begehung begünstigen; Vorsteher oder Angestellte öffentlicher Anstalten (Straf-, Wohlthätigkeitsanstalten u. dgl.) die sich gegen die unter ihrer Aufsicht stehenden Personen des einen oder des andern Geschlechts einer der fraglichen Handlungen schuldig machen werden, wenn die Handlung nicht eine schwerere Gesetzesverletzung bildet, mit Korrektionshaus bis zu 4 Jahren und in geringern Fällen mit Gefängniss bis zu 60 Tagen, und wenn sie die Handlung verüben gegen eine Person, welche das 12te, aber nicht das 16te Altersjahr zurückgeligt hat, mit Korrektionshaus bis zu 6 Jahren und in geringern Fällen mit Gefängniss von 30 bis 60 Tagen bestraft. (§ 166).

Fribourg.

L'attentat à la pudeur d'un enfant de moins de 12 ans est puni de réclusion de 1 à 6 ans (art. 195, comp. l'art. 196).

La corruption ou la séduction d'un mineur de moins de 18 ans, de l'un ou de l'autre sexe, par l'ascendant, par le tuteur ou par telle autre personne chargée de la surveillance ou de l'instruction du mineur corrumpu ou séduit, est punie d'une réclusion ou d'un emprisonnement de 6 mois à 2 ans. (art. 201).

Sont punis de la même peine edictée à l'art. 201:

1) Les fonctionaires et magistrats qui se rendent coupable de corruption ou de séduction à l'égard des personnes contre lesquelles ils doivent procéder à une instruction ou enquête;

2) les médecins et chirugiens des prisons ou des établissements publics destinés aux pauvres et aux malades, les directeurs de ces établissements qui se rendent coupables de corruption ou de séduction à l'égard des personnes pui y sont reçues;

3) les directeurs des maisons de détention, les gêoliers et employes des prisons, les agents de police qui se rendent coupables de mêmes crimes à l'egard des personnes qui leur sont confiées.

Genève.

Quiconque aura attenté aux mœurs en excitant habituellement la débanche ou la corruption d'un ou de plusieurs mineurs de l'un ou de l'autre sexe, sera puni d'un emprisonnement de 3 mois à 1 an et d'une amendé de 50 frcs. à 1000 frcs. Si les mineurs sont âgés de moins de 14 ans, la peine sera un emprisonnement de 2 ans à 5 ans (§ 213).

Les pères, les mères, tuteurs instituteurs ou autres personnes chargées de l'éducation ou de la surveillance de mineurs de l'un ou de l'artre sexe ou qui ont autorité sur eux, qui ayant excité, favorisé ou fabilité la prostitution ou la corruption de ces mineurs seront punis d'un emprisonnement de 1 à 5 5 ans. (§ 214).

Glaris.

Wegen Nothzucht wird mit Zuchthaus bis auf 10 Jahre bestraft:

c. Wer ein Mädchen unter 14 Jahren zum Beischlafe missbraucht. (§ 75).

Unzüchtige Handlungen, welche sich Pflegeeltern oder Vormünder mit ihren Pflegebefohlenen, — Geistliche, Lehrer und Erzieher mit ihren Schülern oder Zöglingen, sowie die an Gefängnissen, Heil-und Pflegeanstalten angestellten Beamten, Aerzte und Bediensteten mit den ihrer Obhut anvertrauten Personen zu Schulden kommen lassen, sind mit Arbeitshaus in schweren Fällen mit Zuchthaus bis auf 6 Jahre zu bestrafen. Gegen Beamte oder Bedienstete ist zugleich auf Ensetzung vom Amte oder Dienste zu erkennen. (§ 79).

Wer — — — sich unzüchtige Handlungen mit oder in Gegenwart von Kindern erlaubt, wird mit Gefängniss, verbunden mit Busse, in schweren Fallen mit Arbeitshaus bestraft. (§ 80).

Lucerne. Das Verbrechen der Schändung begeht: — — — — —

c. Wer ein Mädchen unter 15 Jahren, selbst mit dessen Willen, missbraucht. Dieses Verbrechen wird mit Zuchthaus bis zu 6 Jahren gestraft. (§§ 189 & 190).

Mit Zuchthaus bis zu 5 Jahren werden bestraft:

1) Eltern, welche mit ihren Kindern; Pflegeeltern oder Vormünder, welche mit ihren Pflegebefahlenen; Lehrmeister, Erzieher, Lehrer oder Seelsorger, welche mit ihren Lehrlingen, Schülern oder Zöglingen unzüchtige Handlungen vornehmen, oder dieselben Jemanden zur Unzucht überlassen;

2) Beamte, Polizeidiener, an öffentlichen Anstalten angestellte Aerzte, Aufseher u. dergl., welche die ihrer Amtsgewalt, Obhut oder Pflege anvertranten Personen zu unzüchtige Handlungen verleiten;

3) wer unbekannte Kinder unter 15 Jahren auf irgend eine Weise zu unzüchtigen Werken missbraucht, ohne dass die Handlung unter § 189 litt. c. fällt. (§ 125).

Mit Gefängniss oder mit Arbeitshaus von 1 bis 6 Monaten wird bestraft, vorausgestzt, dass die unzüchtigen Handlungen nicht unter dem Begriff der Verführung zur Unzucht oder der Schändung fallen (§§ 125 und 189 lit. c des K.-St.-G.):

a. der Hausgenosse, welcher eine minderjährige Tochter oder eine zur Haushaltung gehörende minderjährige Anverwandte des Hausvaters oder der Hausfrau zur Unzucht verleitet;

b. dessgleichen die Dienstmagd, welche einen minderjährigen Sohn oder einen minderjährigen Hausgenossen zur Unzucht verleitet;

c. der Dienstherr, welcher mit einer minderjährigen Weibsperson, die bei ihm dient, Unzucht treibt (Polizeistrafgesetz § 147).

Neufchâtel. Tout attentat a la pudeur, consommé ou tenté sans violence sur la personne d'un enfant de l'un ou de l'autre sexe, âgé de moins de 14 ans, sera puni de 6 mois à 4 ans de détention avec dégradation civique. (§ 140).

Quiconque aura commis un attentat à la pudeur, consommé au tenté avec violence contre des individes de l'un ou de l'autre sexe, sera puni de 3 mois à 4 ans de détention.

La peine sera de 2 à 10 ans de détention, avec travail forcé, si le crime a été commis sur la personne d'un enfant au-dessous de l'âge de 14 ans accomplis. L'administration de substances ou boissons saporifiques sera assimilée à des actes de violence (§ 142).

La séduction d'un mineur agé de 14 ans révolus et de moins de 16 ans révolus, par le tuteur ou par quelle autre personne chargée de la surveillance ou de l'instruction du mineur, sera punie par un emprisonnement de 3 mois à 1 an (§ 144).

L'accomplissement de l'acte sexuel, sans violence ni menaces, sur la personne d'une jeune fille âgée de moins de 14 ans est assimilé au viol et puni — (de la réclusion jusqu'à 10 ans). (Projet de code pénal § 268).

L'accomplissement de l'acte sexuel, sans violence ni menaces, sur la personne d'un jeune fille de 14 à 16 ans, qui n'est pas de mauvaise vie, sera puni de l'emprisonnement jusqu'à 2 ans.

Toutefois, l'emprisonnement ne dépassera pas 6 mois, si le coupable était âgé de moins de 20 ans. (projet § 269).

Si la séduction prévue aux deux articles précedents a été accomplie par (un tuteur sur une mineure, ou par un instituteur sur une de ses élèves, ou par un ministre du culte ou par un médecin sur une fille confiée à ses soins), ce fait sera considéré comme une circonstance aggravante; et si le coupable était un ascendant, la réclusion jusqu'à 5 ans sera substituée à l'emprisonnement (projet § 270).

Sera puni de la réclusion jusqu'à 5 ans l'attentat à la pudeur commis même sans violence sur un enfant de l'un ou de l'autre sexe, agé de moins de 14 ans.

La peine ne sera pas inférieure à 5 ans et pourra s'élever jusqu'à 10 ans, si l'auteur du délit a usé de violence ou se trouve avec l'enfant dans la relation d'ascendant ou de tuteur ou d'instructeur, ou de serviteur à gages, ou de médecin ou de ministre du culte (projet § 277).

Quiconque aura attenté aux mœurs en excitant, favorisant ou facilitant habituellement la débauche ou la corruption de personnes de l'un ou de l'autre sexe, sera puni de 3 mois à 1 an d'emprisonnement, et d'une amende de 50 à 200 francs. Si la prostitution ou la corruption a été excitée, favorisée ou facilitée par leurs pères et mères ou tuteurs, ou autres personnes chargées de leur surveillance, la peine sera de 6 mois à 2 ans de détention et d'une amende de 100 à 400 francs.

La peine sera de 2 ans à 6 ans de détention et d'une amende de 100 à 400 francs, si les personnes corrompues ou prostituées sont au-dessous de l'âge de 16 ans. (§ 146).

Quiconque pour satisfaire les passions de l'autrui, aura attenté aux mœurs en excitant, favorisant ou facilitant la débauche ou la corruption de personnes de l'un ou de l'autre sexe, sera puni de la reclusion jusqu'à 2 ans et de l'amende jusqu'à 5 000 francs. La réclusion pourra être portée jusqu'a à 4 ans et l'amende jusqu'à 10 000 francs si les personnes corrompues ou prostituées sont âgées de moins de 20 ans, ou si des femmes honnêtes ont été conduites, a leur insu, par eux qui font métier d'exploiter la débauche, dans un lien de prostitution. (Le projet de code. § 292).

Schaffhouse. Gleiche Strafen, wie nach § 176 (o: Zuchthaus bis zu 10 Jahren, in mildern Fällen Gefängniss ersten Grades nicht unter ein Jahr) treten ein — —

2. Gegen denjenigen, der ein Mädchen, welche das 14te Lebensjahr noch nicht zurückgelegt hat, zum Beischlaf missbraucht.

Im letztern Falle kann unter besonders mildernden Umständen auf Gefängniss ersten Grades, jedoch nicht unter 3 Monaten erkannt werden (§ 177).

Wer mit Kindern, welche das 14te Lebensjahr noch nicht zurückgelegt haben, unzüchtige Handlungen verübt, oder solche Kinder zur Verübung oder Duldung unzüchtiger Handlungen verleitet, soll, wenn die That nicht in ein schwereres Verbrechen übergeht, mit Gefängniss ersten Grades nicht unter 3 Monaten, und, insofern die That von den Eltern oder Pflegeltern oder von dem Vormünde des Kindes oder von Personen verübt wurde, denen dasselbe zur Aufsicht, Wartung, Pflege, Seelsorge, Erziehung oder zum Unterricht anvertraut ist, mit Zuchthaus bis zu 4 Jahren bestraft werden.

Hat die missbrauchte oder verführte Person das 14te, jedoch noch nicht das 16te Lebensjahr zurückgelegt, so ist auf Gefängniss bis zu 6 Monaten, und insofern die That von einer der vorhergenannten, besonders verpflichteten Personen verübt worden ist, auf Gefängnissstrafe ersten Grades bis zu 2 Jahren, je nach Umständen verbunden mit Dienstentsetzung, so wie mit Einstellung im Aktivbürgerrechte zu erkennen (§ 178).

Schwyz. En vertu de § 90 l'abus d'une fille âgé de moins de 14 ans, qui n'est pas encore pubère, sera punissable comme le viol.

Mit Freiheitsstrafe bis auf 5 Jahre werden bestraft:

a. Diejenigen welche an Kindern unter 14 Jahren unzüchtige Handlingen verüben; — — — — —

c. & d. comp. — *Lucerne* § 125, 1 & 2 — ci-dessus. (§ 93).

Soleure. Mit Einsperrung bis zu 2 Jahren oder Gefängniss wird gestraft, wer — — — 2) mit Personen unter 14 Jahren oder mit einer in einem willenlosen oder bewusstlosen Zustande befindlichen oder einer geisteskranken Frauensperson unzüchtige Handlungen vornimmt. (§ 96).

Wegen Unzucht mit Pflegebefohlenen werden mit Einsperrung bis auf 5 Jahre bestraft: — — — (comp. *Glaris* § 79 — ci-dessus). (§ 103).

Saint-Gall. Stiefeltern, Pflegeltern etc. (comp. les dispositions correspondantes au-dessus), welche mit einer ihnen zur Erziehung Pflege, Aufsicht oder Verwahrung anvertrauten Person Unzucht treiben oder grobe unsittliche Handlungen vornehmen, sind wegen unzüchtigen Missbrauchs von Pflegebefohlenen, je nach der Schwere der Pflichtverletzung, sofern die Handlung nicht unter die Art. 185 — — fällt mit Gefängniss, Arbeitshaus oder mit Zuchthaus bis auf 3 Jahre zu bestrafen. (art. 184).

Wegen Schändung ist zu bestrafen:

1) Wer ein geschlechtlich unreifes Mädchen, welches das 16te Lebensjahr noch nicht zurückgelegt hat, zur Unzucht missbraucht, mit Geldstrafe von Fr. 100 bis auf Fr. 500 oder mit Gefängniss bis auf 6 Monate oder mit Arbeitshaus von gleicher Dauer. Mit dieser Freiheitsstrafe kann die Geldstrafe auch verbunden werden. — — —

3) Wer ein geschlechtlich unreifes Mädchen zur Unzucht missbraucht, indem er an ihr die auf Beischlaf gerichteten unzüchtigen Handlungen verübt, mit Arbeitshaus oder mit Zuchthaus bis auf 10 Jahre. Mit dieser Freiheitsstrafe kann eine Geldstrafe bis auf Fr. 1500 verbunden werden. (art. 185).

Wer mit einer unmündigen Person, welche das 14te Lebensjahr noch nicht zurückgelegt hat, oder vor ihren Augen grobe unsittliche Handlungen verübt oder dieselbe zur Verübung oder zur Duldung solcher Handlungen verleitet, unterliegt einer Arbeitshausstrafe bis auf 2 Jahre. Mit der Freiheitsstrafe kann eine Geldstrafe bis auf Fr. 500 verbunden und in leichteren Fällen auch Gefängniss anstatt Arbeitshausstrafe verhängt werden. (§ 186).

Tessin. Celui qui, sans violence et d'une manière quelleconque, aura induit une honnête fille ayant atteint 12 ans accomplis, mais âgée de moins de 14 ans révolus à se lui donner, sera puni de détention du deuxième au troisième degrè*).

La même peine subira celui qui, sans violence et d'une maniere quelleconque ayant séduit une honnête fille de plus de 14 ans et moins de 16 ans véritablement accomplis, l'aura rendu enceinte. (art. 248 §§ 1 & 2).

— — — 2. La peine établie à l'art. 248 sera augmentée d'un à deux degrès,*) si le délit y prévu aura été commis par des tuteurs, des instituteurs, des maîtres, des directeurs des etablissements d'industrie, ou des ministres du culte — sur des personnes leur confiées ou, qui sont, respectivement, soumises à leur garde ou à leur service ou en dépendants. (art. 248).

Thurgovie. En vertu de § 105 l'abus d'enfants âgés de moins de 14 ans est assimilé au viol. L'attentat à la pudeur de tels enfants dans § 106 est infligé de «Gefängniss» ou «Arbeitshaus». L'attentat à la pudeur des mineurs commis par des parents, des tuteurs, des ministres du cultes, des instituteurs, des fonctionaires d'établissements publics ou des maîtres sera punissable, en vertu des §§ 107 & 108, si les mineurs n'ont pas encore atteint l'âge de 14 ans de «Gefängniss nicht unter 3 Monaten oder Arbeitshaus bis zu 6 Jahren stets verbunden mit Entziehung der bürgerlichen Ehrenrechte», — mais si les mineurs ont dépassé ledit âge, de «Gefängniss»

*) Deuxième degrè — de 3 mois à 1 an; troisième degrè — de 1 an à 2 ans; quatrième degrè — de 2 ans à 3; cinquième degrè — de 3 ans à 4.

ou «Arbeitshaus» jusqu'à 2 ans, «und es kann mit diesen Strafen Entsetzung der burgerlichen Ehrenrechte oder Amtes und Dienstesentsetzung verbunden werden.»

Unterwalden-le-Haut. Wer ein Mädchen unter 14 Jahren mit dessen Willen misbraucht, begeht das Verbrechen der Schändung und soll mit Zuchthaus bis zu 5 Jahren bestraft werden.

Diese Strafe tritt auch dann ein, wenn eine Frauensperson einen noch nicht 14 Jahre alten Knaben zur Unzucht verführt und dieselbe mit ihm vollzicht. (Kriminalstrafgesetz, art. 69).

Wenn Pflegeeltern, Vermünder, Lehrer oder in einem ähnlichen Verhältnisse stehende Personen, z. B. Polizeidiener, Dienstboten, Aufseher, — diejenigen, welche ihrer Pflege anvertraut sind, zur Unzucht verleiten, so machen sie sich der Verführung von Pflegebefohlenen schuldig und werden mit Gefängniss oder Zuchthaus bis zu 2 Jahren bestraft.

Wer überhaupt Kinder unter 15 Jahren zu unzüchtigen Werken missbraucht, wird mit gleicher Strafe belegt, wenn nicht Unzucht gegen die Natur oder Schändung damit verbunden ist. (Kriminalstrafgesetz, art. 67).

Mit Arbeitshaus von 6 Wochen bis 1 Jahr oder Geldstrafe von 80—400 Franken und Einstellung im Aktivbürgerrecht bis 5 Jahre wird bestraft, vorausgesetzt, dass die unzüchtigen Handlungen nicht unter Art. 67 und 69 des K. St. G. fallen:

a. Der Hausgenosse, welcher mit einer minderjähringen Tochter (unter 17 Jahren) oder einer zur Haushaltung gehörigen minderjährigen Anverwandten des Hausvaters oder der Hausfrau Unzucht treibt;

b. desgleichen die Dienstmagd, welche mit einem minderjähringen Haussohn (unter 18 Jahren) oder einem minderjährigen Hausgenossen Unzucht treibt;

c. der Dienstherr, welcher mit einer minderjährigen Weibsperson, die bei ihm dient oder sonst in Lohn steht, Unzucht treibt;

Wenn von Dienstherren, Arbeitsgebern u. s. w. mit Untergebenen Unzucht getrieben wird und Art. 67 des K. St. G. nicht Norm gebend dazwischen tritt, so folgt der gewöhnlichen Strafe ein Zuschlag von 30—70 Franken oder angemessene Freiheitsstrafe. (Polizeistrafgesetz § 109).

Valais. Celui qui favorise la debauche soit en corrompant des personnes de l'un on de l'autre sexe, soit en facilitant un commerce honteux, est puni par une amende qui peut s'élever à 300 francs, et par un emprisonnement de 3 mois à 2 ans. (art. 199).

Si la prostitution ou la corruption d'une personne a été excitée, ou facilitée par un ascendant, tuteur, maître au tout autre individu chargé de surveiller sa conduite, la peine sera d'une amende qui pourra être portée à 600 francs et d'une reclusion de 6 mais à 3 ans. (art. 200).

Dans les cas prévus aux 2 articles précédents, la peine sera doublée si l'auteur de la prostitution au de la corruption s'en est rendu coupable envers des personnes au-dessous de l'âge de 15 ans. (art. 201).

Est assimilé à l'attentat à la pudeur avec violence le simple attentat à la pudeur commis sur un enfant de moins de 12 ans. (art. 204).

L'art. 200 contient le même que l'art. 204 de *Valais* — ci-dessus. *Vaud.*

La corruption au la séduction d'un mineur de moins de 18 ans, de l'un ou de l'autre sexe, par l'ascendant, par le tuteur ou par telle autre personne chargée de la surveillance ou de l'instruction du mineur corrumpu ou seduit, est punie par une reclusion. (art. 205).

§ 94 — disposition pareille à celle de § 91, *Bâle* ci-dessus. *Zoug.*

Wegen Verführung von Pflegebefohlenen sind mit Gefängniss, in schwereren Fällen mit Arbeitshaus oder Zucthaus bis auf Jahre zu bestrafen: — — — (comp. *Appenzell-Rh.-Ext.* § 100 ci dessus) — — — — — — —

Gegen Beamte und Bedienstete ist zugleich auf Entsetzung vom Amte oder Dienste zu erkennen. (§ 96).

(Zuchthaus bis zu 10 Jahren, womit Busse verbunden werden kann) verwirkt, wer ein unreifes Mädchen zum Beischlaf missbraucht (§ 111). *Zurich.*

Wegen Verführung von Pflegebefohlenen zur Unzucht, sollen mit Zuchthaus bis zu 5 Jahren oder Arbeitshaus bestraft werden: a. Eltern, Pflegeeltern etc. b. Beamte, Aertzte etc. (§ 116.

Wer mit Gewalt oder Drohung eine Person des einen oder des anderen Geschlechts zu fleischlicher Vereinigung zwingt, wird mit Einschliessung («reclusione») von 3 bis zu 10 Jahren bestraft. Derselben Strafe unterliegt, wer sich mit einer Person des einen oder des anderen Geschlechts fleischlich vereinigt, welche zur Zeit der That: *Italie.*

1) das 12te Lebensjahr noch nicht vollendet hat,

2) das 15te Lebensjahr noch nicht vollendet hat, wenn der Thäter der Ascendent, der Vormund oder der Lehrer derselben ist,

3) als verhaftet oder verurtheilt dem Thäter zum Zwecke der Ueberführung oder der Ueberwachung anvertraut war, — — — — — (art. 331).

Ist eine der im ersten Theil und in Nr. 1 — — voraufgehenden Artikels vorgesehenen Strafthaten unter Misbrauch des Ansehens, des Vertrauens oder der häuslichen Beziehungen begangen, so wird der Thäter in dem im ersten Theil vorgesehenen Falle mit Einschliessung von 6 bis zu 12 Jahren, und in den andern Fällen mit Einschliessung von 8 bis zu 15 Jahren bestraft. (art. 332).

Wer unter Anwendung der Mittel oder unter Benutzung der Bedingungen oder der Umstände wie im Artikel 331 angegeben, mit einer Person des einen oder des anderen Geschlechts wollüstige Handlungen vornimmt, welche auf das in diesem Artikel vorgesehene Vergehen nicht gerichtet sind, wird mit Einschliessung von 1 bis zu 7 Jahren bestraft. Wird die That unter Missbrauch des Ansehens oder des Vertrauens oder der häuslichen Beziehungen begangen, so tritt im Falle der Gewalt oder Drohung Einschliessung von 2 bis zu 10 Jahren, und in den im Art. 331, Abs. 1 — vorgesehenen Fällen Einschliessung von 4 bis zu 12 Jahr ein (art. 333).

Wird eine der in den voraufgehenden Artikeln vorgesehenen Thaten unter gleichzeitiger Betheilung zweier oder mehrerer Personen begangen, so werden die daselbst festgesetzten Strafen um ein Drittel erhöht (art. 334).

Wer mittels wollustiger Handlungen eine Person unter 16 Jahren schändet («corrompe»), wird mit Einschliessung bis zu 30 Monaten und mit Geldstrafe von 50 bis zu 1500 Lire bestraft.

Ist das Vergehen mit Hinterlist begangen, oder ist der Thäter ein Ascendent der minderjährigen Person, oder ist ihm die Pflege, die Erziehung, der Unterricht, die Beaufsichtigung oder die Bewahrung derselben auch nur vorübergehend anvertraut, so besteht die Strafe in Einschliessung von 1 bis zu 6 Jahren und in Geldstrafe von 100 bis zu 3000 Lire (art. 335).

Autriche. Der an einer Frauensperson, die — — — noch nicht das 14te Lebensjahr zurüchgelegt hat, unternommene aussereheliche Beischlaf ist als Nothzucht anzusehen und nach § 126 zu bestrafen (ɔ: im Allgemeinen mit schwerem Kerker zwischen fünf und zehn Jahren). (§ 127).

Wer einen Knaben oder ein Mädchen unter 14 Jahren zur Befriedigung seiner Lüste auf eine andere als die in § 127 bezeichnete Weise geschlechtlich missbraucht, begeht — — — das Verbrechen der Schändung und soll mit schwerem Kerker von 1 bis zu 5 Jahren, bei sehr erschwerenden Umständen bis zu 10 — — — bestraft werden. (§ 128).

Ein Hausgenosse, der eine minderjährige Tochter oder eine zur Haushaltung gehörige minderjährige Anverwandte das Hausvaters oder der Hausfrau entehrt soll für diese Uebertretung nach Unterschied seines Verhältnisses zu der Familie mit strengem Arreste von 1 bis zu 3 Monaten bestraft werden. (§ 504).

Gleiche Bestrafung ist zu verhängen gegen eine in einer Familie dienende Frauensperson, welche einen minderjährigen Sohn oder einen im Hause lebenden minderjährigen Anverwandten zur Unzucht verleitet. (§ 505).

Verführung wodurch jemand eine seiner Aufsicht oder seinem Unterrichte anvertraute Person zur Begehung oder Duldung einer unzüchtigen

Handlung verleitet», wird nach § 133 mit schwerem Kerker von 1 bis zu 5 Jahren bestraft. (§ 122 III).

Mit Zuchthaus bis zu 6 Jahren oder Gefängnis nicht unter 3 Monaten werden bestraft:

1. Eltern, Adoptiv- und Pflegeeltern, welche mit ihren Kindern, Vormünder oder Mitvormünder, welche mit ihren Pflegebefohlenen, Lehrer und Erzieher, welche mit ihren minderjährigen Schülern oder Zöglingen, Geistliche, welche bei ihren Verrichtungen als Seelsorger oder aus Anlass derselben mit den ihrer geistlichen Obhut unterstehenden Personen, oder Beichväter, welche mit ihren Beichtkindern unzüchtige Handlungen vornehmen;

2. Beamte, die mit Personen, gegen welche sie eine Untersuchung zu führen haben, oder welche dienstlich ihrer Obhut auvertraut sind, unzüchtige Handlungen vornehmen,

3. Beamte und andere Bedienstete, Aertzte und andere Medicinalpersonen, welche in Gefängnissen, Zwangsarbeitshaüsern oder andern Detentionsanstalten oder in zur Pflege von Kranken, Armen oder anderen Hilflosen bestimmten Anstalten beschäftigt oder angestellt sind, wenn sie mit den in die Anstalt aufgenommenen Personen unzüchtige Handlungen vornehmen. (Projet de code pénal de 1889 § 185).

Mit Zuchthaus bis zu 5 Jahren oder mit Gefängnis nicht unter 6 Monaten wird bestraft, wer — — — 2) mit Personen unter 14 Jahren unzüchtige Handlungen vornimmt, oder dieselben zur Verübung oder Duldung unzüchtiger Handlungen verleitet. (Projet § 187).

Wer ein geschlechtlich unbescholtenes Mädchen, welches das 16te Lebensjahr nicht vollendet hat, zum Beischlafe verführt, wird mit Gefängnis bis zu 1 Jahre bestraft. (Projet § 192).

Hongrie.

Wer mit einem unbescholtenen Mädchen unter 14 Jahren geschlechtlichen Beischlaf pflegt, begeht das Verbrechen der Schändung und wird mit Zuchthaus bis zu 5 Jahren bestraft. (§ 236).

Russie.

L'article 1524 inflige des travaux forcés de 8—10 ans pour séduction et corruption, — pour attentat à la pudeur d'un mineur prison de 2 à 4 mois.

En vertu des art. 993, 1000, 1532 sont des attentats à la pudeur des élèves, des pupilles, des enfants adoptifs etc., commis par des éducateurs, des tuteurs, des instituteurs, des directeurs d'établissements publics, des maîtres, des médecins etc, ou d'autres fonctionnaires — punissables selon le grade du crime d'un emprisonnement de 2 à 4 mois, de maison correctionelle, déportation en Sibérie avec perte de droits et privilèges. Le projet d'un nouveau code pénal a les dispositions suivantes:

Der Beischlaf:

1) mit einem Kinde unter 12 Jahren;

2) mit einem Mädchen von 12 bis zu 16 Jahren, wenn auch mit Einwilligung, doch unter Missbrauch seiner Unschuld.

wird mit Korrektionshaus nicht unter 3 Jahren bestraft. (art. 63).

Der Beischlaf mit einem von dem Schuldigen verführten, unter seiner Gewalt oder Fürsorge stehenden Mädchen unter 21 Jahren, wird, sofern nicht Bestrafung gemäss Art. 65, Zif. 2*) eintritt, mit Gefängniss bestraft. (art. 66).

Unzüchtige Handlungen mit einem Kinde unter 12 Jahren**) werden mit Korrektionshaus bestraft. (art. 59).

Unzüchtige Handlungen

1) mit einem Mädchen von 12 bis zu 16 Jahren, ohne dessen Einwilligung oder zwar mit dessen Einwilligung, jedoch unter Missbrauch ihrer Unschuld;

2) mit einer Frauensperson über 16 Jahren, ohne deren Einwilligung, werden mit Gefängniss bestraft. (art. 60).

Finlande. Wer mit einem Mädchen, welches das 12te Lebensjahr nicht vollendet hat, Beischlaf übt oder andere unzüchtige Handlungen vornimmt, wird mit Zuchthaus von 2 bis zu 8 Jahren oder Gefängniss nicht unter 6 Monaten bestraft.

Geschieht es mit einem Mädchen, welches das 12te aber nicht das 15te Lebensjahr vollendet hat und welchem früher nicht beigechlafen worden ist, so ist auf Zuchthaus bis zu 2 Jahren oder Gefängniss, von 3 Monaten bis zu 2 Jahren zu erkennen.

Hatte das Mädchen das 15te aber nicht das 17te Lebensjahr vollendet und war ihm früher nicht beigeschlafen worden, so ist auf Gefängniss bis zu 3 Monaten oder Geldstrafe bis zu 300 Mark zu erkennen. (chap. 20 § 7).

Wer mit seinen Pflegekinde, Mündel oder demjenigen, dessen Erziehung und Unterweisung ihm anvertraut ist, Beischlaf übt, wird mit Zuchthaus bis zu 3 Jahren oder Gefängniss von 3 Monaten bis zu 3 Jahren bestraft.

Gleiche Strafe trifft Beamte öffentlicher Anstalten, welche mit Personen Beischlaf üben, die sich dort in Pflege oder Gewahrsam befinden. (chap. 20 § 6).

Wer seine Tochter zum Beischlaf mit einem andern verleitet oder bestimmt, wird mit Zuchthaus von 1 bis zu 5 Jahren und Verlust der bürgerlichen Ehrenrechte bestraft. Wer mit seine Pflegetochter oder weibliches Mündel oder ein Mädchen, dessen Erziehung oder Unterweisung ihm

*) Werden die in dem Art. 63 vorgesehene strafbaren Handlungen begangen — — 2) mit einer unter der Gewalt oder der Fürsorge des Schuldigen stehenden Person, so tritt «Kátorga» (ɔ: des travaux forcés) bis zu 8 Jahren ein — — (le projet art. 65).

**) De l'un ou de l'autre sexe.

anvertraut ist, zu solchem Beischlaf bestimmt, wird mit Zuchthaus bis zu 3 Jahren und Verlust der bürgerlichen Ehrenrechte oder Gefängniss von 3 Monaten bis zu 3 Jahren bestraft. (chap. 20 § 11).

Etats-Unis d'Amérique.

Connecticut.

Every person who shall seduce and commit fornication with any minor female, or who shall intice her — — —, shall for the first offense be imprisoned not more than 1 year, and fined not more than 1000 dollars; and for a second conviction therefor he may be punished by such fine and imprisonment, or imprisoned in the state prison not more than 3 years, and fined not more than 1000 dollars. (sect. 1557, G. S)

Massachusets

Whoever ravishes and carnally knows a female of the age of 13 years or more by force and against her will, or unlawfully and carnally knows and abuses a female child under the age of 13 years, shall be punished by imprisonment in the state prison for life or for any term of years. (Publ. Stat. 1886 chap. 305 sect. 1).

Whoever induces any person under the age of 18 years of chaste life and conversation to have unlawful sexual intercourse shall be punished by imprisonment — — — not exceeding 3 years or by fine not exceeding 1000 dollars or by both fine and imprisonment — — (Publ. Stat. 1886 chap. 329 sect. 3).

Whoever being the owner of any premises or having or assisting in the management or control thereof induces or knowingly suffers any girl under the age of 21 years to resort to or be in or upon the premises for the purpose of being unlawfully and carnally known by any person or persons shall be punished by imprisonment — — — not exceeding 3 years or by fine not exceeding 1000 dollars or by both fine and imprisonment — —. (Publ. Stat. 1886 chap. 329 sect. 5).

Minnesota.

Rape is an act of sexual intercourse with a female not the wife of the perpetrator, committed against her will or without her consent. A person perpetrating such an act of sexual intercourse with a female of the age of 10 years or upwards not his wife, — — — — — — — — — —

5) When she is at the time, unconscious of the nature of the act and this is known to the defendant, is punishable by imprisonment in the state prison for not less than 5, nor more than 30 years (sect. 235).

Whoever carnally knows and abuses any female child under the age of 10 years shall be imprisoned in the state prison for the life. (sect. 236).

A person who takes any indecent liberties with or on the person of any female, not a public prostitute, without her consent expressly given, and wich acts do not in law amount to rape, an attempt to commit a rape or an assault with intent to commit a rape, or any person who takes such indecent liberties with or on the person of any female child under the age of 10 years, without regard to wether she consents to the same or not, is guilty of a felony.*) (Sect 245).

A person who, having the care or costody of a minor, either:

1. willfully causes or permits the minor's — — — morals to become depraved; or

2. willfully causes or permits the minor to be placed in such a situation, or to engage in such occupation, that its — — — morals are to be impaired, is guilty of a misdemeanor.**) (Sect. 248).

A person who employs or causes to be employed, or who exhibits, uses or has in his custody for the purpose of exhibiting or employing, any child apparently or actually under the age of 16 years, or who, having the care, custody, or control of such child as parent, relative, guardian, employer or otherwise, sells, lets out, gives away or in any way procures or consents to have employment or exhibition of such a child, either — — — — —

3. in any indeent or immoral exhibition or practise; or

4. in any practise or exhibition dangerous or injurious to the — — morals of the child,

is guilty of a misdemeanor**). (sect. 250).

New-York. Rape is an act — — (comp. *Minnesota*, sect. 235, ci-dessus) — — without her consent,

1. when the female is under the age of 10 years; or — — — —

— — — — — — — — — — — — — — — — — — — —

6. when she is, at the time, unconscious of the nature of the act, and this is known to the defendant; is punishable by imprisonment, for not less than 5, nor more than 20 years. (sect. 278).

«Endangering — — morals of child — — — a misdemeanor.» (sect 289, conforme à *Minnesota*, sect. 248 ci-dessus).

Canada. Quiconque connait illégalement et charnellement une fille âgée de moins de 14 ans, et en abuse, est coupable de félonie et passible d'emprisonnement à perpétuité ou pendant 5 ans au moins, et d'être fouetté.

Quiconque tente de connaître illégalement et charnellement une fille âgée de moins de 14 ans, est coupable de délit et passible de 2 ans d'emprisonnement, et d'être fouetté. (S. R. chap. 162 sect 39 & 40, comp. 1890 chap. 37 sect. 12).

Tout individu qui séduit une fille de mœurs chastes jusque-là, et a un commerce illicite avec elle, si elle est, dans l'un ou l'autre cas, âgée de 14 ans ou plus et de moins 16 ans — — est coupable de délit et passible d'un emprisonnement de 2 ans. (S. R. chap. 148 sect. 3).

---

*) La peine de felonie est en général «imprisonment in the state prison or a county jail» jusqu'a 7 ans ou une amende de 1000 dollars au plus, ou les deux peines à la fois. (sect. 12).

**) La peine de «misdemeanor» est en général un emprisonnement jusqu'à 1 an ou une amende de 500 dollars au plus, ou les deux peines à la fois. (Sect. 13).

Tout individu qui, étant tuteur, séduit sa pupille ou a un commerce illicite avec une femme ou fille de mœurs chastes jusque-là et âgée de moins de 21 ans, qui est à son emploi dans une fabrique, un moulin ou un atelier, ou qui étant employée en commun avec lui dans cette fabrique, ce moulin ou cet atelier, se trouve, par suite de son emploi ou de son travail dans cette fabrique, ce moulin ou cet atelier, sous son contrôle ou sa direction, ou en aucune manière assujtiée à son contrôle ou sa direction, est coupable de délit et passible de 2 ans d'emprisonnement (53 Vict. (1890) chap. 37 sect. 4).

Toute personne qui étant proprietaire etc, induite un fille à frequenter une maison dans un but de prostitution, — est si cette fille est âgée de moins de 14 ans, coupable de félonie et passible d'un emprisonnement de 10 ans, et, — si cette fille est âgée de 14 ans ou plus et de moins de 16 ans, coupable de délit et passible d'un emprisonnement de 2 ans. (S. R. chap. 157 sect. 5).

Quiconque, par de faux prétextes, de fausses représentations ou d'autres moyens frauduleux, — engage une fille âgée de moins de 21 ans de se prostituer ou l'attire dans une maison mal famée dans un but de prostitution — est coupable de délit et passible d'un emprisonnement de 2 ans. (S. R. chap 167 sect. 7).

Australie meridionale.

Quiconque abuse d'une fille âgée de moins de 12 ans, sera puni de travaux à perpétuité ou de 4 ans au moins (pour attentat jusqu'à 7 ans) et pourra être fouetté La peine susdenommé pour attentat sera infligée pour l'abuse d'une fille ayant atteint 12 ans accomplis mais âgée de moins de 13 ans. (39 & 40 Vict. No. 38 sect. 63—5) — Celui qui abuse d'une fille âgée de 13 ans mais au-dessous de l'âge de 16 ans, subira un emprisonnement jusqu'à 2 ans. (48 & 49 Vict. No. 358 sect. 4).

Any person who, being the guardian, theacher or schoolmaster of any female under the age of 18 years, unlawfully and carnally knows, or attempts to have unlawful and carnal knowledge of such female, shall — — — be liable to be imprisoned for any term not exceeding 3 years, with or without hard labour. (48 & 49 Vict. No. 358 scet. 11).

Whoever shall, by false pretences, false repretentations, or other fraudulent means, procure any woman or girl under the age of 21 years to have any illicit carnal connexion with any man, shall — — — be liable to be imprisoned for any term not exceeding 7 years, with hard labour and may be whipped. (39 & 40 Vict. No. 38 scct. 62).

Any person who, being the owner or occupier etc. of any premises induces, or knowingly suffers, any boy under the age of 17 years to resort to, or be in or upon such premises for the purpose of unlawfully and carnally knowing any female, whether such carnal knowledge is intended to be, with any particular female or generally, shall be guilty of a misdemeanor, and being convicted thereof, shall be liable to be imprisoned for any term not exceeding 2 years, with or without hard labour. (48 & 49 Vict. No. 358 sect. 10).

Nouvelles Galles du Sud.

Whosoever unlawfully and carnally knows — and whosoever assaults with intent to doing so or attempts to have a unlawfull and carnal knowledge with — any girl under the age of 14 years shall be liable to penal servitude for 5 years but for 14 years if the girl is under the age of 10 years. (Criminal law amendment, sect. 41—42).

Whosoever being a teacher unlawfully and carnally knows any girl of or above the age of 10 years and under the age of 16 years, being his pupil, shall be liable to penal servitude of 14 years; — for attempt to have such knowledge he shall be liable to penal servitude in 7 years. (Criminal law amendment, sect. 43).

Whosoever indecently assaults any girl under the age of 14 years — — — shall be liable, to penal servitude.

Whosoever indecently assaults any female of or above the age of 14 years shall be liable to imprisoment for a term not exceeding 3 years. (Crim. l. amendment sect. 44).

Nouvelle-Zélande.

Whosoever shall unlawfully and carnally know and abuse any girl under the age of 10 years, shall be guilty of felony and being convicted thereof shall be liable at the discretion of the court to be kept in penal servitude for life or for any term not less than 3 years or to be imprisoned for any term not exceeding 2 years with or without hard labour*). 31 Vict. No. 5 sect. 47).

Whosoever shall unlawfully and carnally know and abuse any girl being above the age of 10 years and under the age of 12 years — — — shall be liable at the discretion of the court to be kept in penal servitude for the term of 3 years or to be imprisoned for any term not exceeding 2 years, with or without hard labour. (38 Vict. No. 4 sect. 4).

*) The Court before whom he is convicted may, in addition to the punishment awarded, direct that the offender be once twice or thrice privately whipped: Provided the number of strokes do not exceed fifty at each such whipping, and that the Court in its sentence shall specify the number of strokes to be inflicted and the instrument to be used: Provided also that in no cases shal such whipping take place after the expiration of six months from the passing of the sentence: Provided also that in all cases where the punishment of whipping shall be inflicted under the authority of this Act, the surgeon or medical officer of the gaol in which the offender is confined shall be present when the said punishment is inflicted; and such surgeon or medical officer, if he be of opinion that the prisoner is not at any time able to bear the whole or any part of the said punishment so awarded, may from time to time order the infliction of the whole or any part of the said punishment to be postponed, and shall, within seven days after the making of any such order, send a report in writing stating his reasons for making such order, to the Colonial Secretary.

(1.) Whosoever unlawfully and carnally knows, or attempts to have unlawful carnal knowledge of, any girl being of or above the age of 12 years and under the age of 14 years, is guilty of a misdemeanour, and on conviction is liable at the discretion of the Court to be kept in penal servitude for any term not exceeding 5 years, or be imprisoned for any term not exceeding 2 years, with or without hard labours.

(2.) It shall be no defence to an indictment for an indecent assault on a female under the age of 14 years that she consented to the act of indecency. (53 Vict. No. 17 sect 2).

Victoria.

Whosoever shall be convicted —

of abusing any girl under the age of 10 years, shall suffer death; —

of an attempt or assault with intent to commit such felony, shall be imprisoned for any term not exceeding 10 years; —

of abusing any girl between 10 and 12 years, shall be imprisoned for any term not exceeding 10 years;

of an attempt to such misdemeanor, shall be imprisoned for any term not exceeding 3 years (§§ 45—47).

Whosoever shall unlawfully and indecently assault any girl under 12 years, wether such assault be with or without the consent of such girl shall be guilty of misdemeanor; and — — shall be liable — — to be imprisoned for any term not exceeding 3 years (sect. § 48).

If any person unlawfully and carnally know any girl above the age of 10 and under the age of 15 years, he shall be guilty of feloni, and being convicted thereof shall be liable at the discretion of the court to be imprisoned for any term not exceeding 10 years (for attempt 3 years); but if such person be a shoolmaster or teacher, and such girl his pupil, he shall be liable at the discretion of the court to be imprisoned for any term not exceeding 15 years (for attempt 5 years). (Projet d'un «Criminal Law Amendment», présenté à la législature le 1 octobre 1890. Part I, sect. 5 & 6).

IV. Prostitution comme métier.*)

Norvège. La personne du sexe qui fait folie de son corps, ou qui de sera logée en bordel dans le but de prostitution, sera punie d'emprisonnement et, en cas de récidive, des travaux forcés de 6 mois à 3 ans. (chap. 18 § 26).

Suède. La femme qui se livre à la prostitution en maison de tolerance («hus der otukt drifves»), sera punie d'un emprisonnement qui peut s'étendre à 6 mois, ou des travaux forcés de 2 ans au plus (chap. 18 § 11, moment 2).

Danemark. La femme qui malgré l'admonestation de l'autorité de police fait métier de sa prostitution, sera punie d'emprisonnement ou pourra être condamnée à un internement jusqu' à 90 jours dans des maisons de travail, ou il y a de telles maisons (§ 180).

Angleterre. It shall be lawfull for any justice of the peace to commit every common prostitute wandering in the public streets or public highways or in any place of public resort, and behaving in riotous or indecent manner, to the house of correction, there to be kept to hard labour for any time not exceeding one calendar month. (5 Geo. 4, chap. 83, s. III).

France. * * * *

Belgique. * * * *

Luxembourg. Sera puni d'un emprisonnement de 8 jours à 3 mois et d'une amende de 26 frcs. a 200 frcs., quiconque aura contrevenu aux arrêtés du Gouvernement sur les maisons de débauche et sur les personnes qui se livrent à la prostitution (art. 385, alinéa 2).

Hollande. (Pays-Bas) * * * *

Empire d'Allemagne. Mit Haft wird bestraft:

— — — — — — — — — — — — — — — — — — —

6) eine Weibsperson, welche wegen gewerbsmässiger Unzucht einer polizeilichen Aufsicht unterstellt ist, wenn sie den in dieser Hinsicht zur

*) Dans bien des pays mentionnés dans ce résumé la prostitution ressort seulement à l'autorité de police, dont les reglements n'ont pas été accessibles sauf ceux des pays scandinaves.

Sicherung der Gesundheit, der öffentlichen Ordnung und des öffentlichen Aufstandes erlassenen polizeilichen Vorschriften zuwiderhandelt, oder welche ohne einer solchen Aufsicht unterstellt zu sein, gewerbsmässig Unzucht treibt*).

Cantons suisses. *Bâle.*

Weibspersonen, welche gewerbsmässig Unzucht treiben, oder an öffentlichen Orten Gelegenheit zur Unzucht aufsuchen, werden durch die Polizeidirection über die Grenze transportirt, oder bis auf 3 Tage in Haft gesetzt, womit Schärfung und Transport über die Grenze kann verbunden werden

Wer als liederliche Dirne im Laufe der letzen zwei Jahre bereits zweimal ist über die Grenze transportirt oder polizeilich in Haft gezetzt worden, ebenso wer in dieser Zeit als solche schon gerichtlich ist bestraft worden, wird bei Widerholung mit Haft, womit Schärfung kann verbunden werden, bestraft. In schwereren Fällen kann auch schon beim ersten oder zweiten Mal Verzeigung zu gerichtlicher Bestrafung eintreten. (Polizeistrafgesetz § 54).

Berne.

Weibspersonen, welche gewerbsmässig Unzucht, treiben werden mit Gefängnis bis zu 60 Tagen bestraft. Im falle sie dieser Handlung wegen schon 3 mal bestraft worden sine, kann Korrektionshaus bis zu 6 Monaten ausgesprochen werden.

Grisons.

Weibspersonen, welche die Unzucht gewerbsmässig treiben, sowie solche, welche schon zum dritten Male ausereheIich geboren haben, werden mit Gefängniss biss auf 2 Monate und mit allfälliger Verweisung oder Eingrenzung oder Versetzung in einer Korrektionsanstalt bestraft. (Polizeistrafgesetz § 20).

Lucerne.

Weibspersonen, welche sich gewerbsmässig der Unzucht hingeben oder Gelegenheit hierzu auf Strassen oder an andern öffentlichen Orten aufsuchen, werden mit Arbeitshaus bis 1 Jahr bestraft. (Polizeistrafgesetz § 146).

Neufchâtel.

Quiconque se livrera à la prostitution sera puni de 14 jours à 6 mois d'emprisonnement. (§ 147).

La femme qui fait métier de la prostitution et qui se livre à des provocations sur la voie publique ou dans un lieu public, sera, pour la première infraction signalée, conducte à la préfecture et admonestée. — En cas de nouvelle infraction, elle sera condamnée à l'emprisonnement jusqu'à 6 mois. Si la femme est Neufchâteloise, l'internement de 1 an au moins et de 3 ans au plus, dans une maison de travail et de correction pourra remplacer l'imprisonnement. — La poursuite pour le délit de prostitution n'a lieu que sur la denonciation de l'autorité de police. (Le projet § 291).

Schaffhouse.

Weibspersonen, welche gewerbsmässig Unzucht treiben, werden mit Gefängnis bis zu 6 Wochen, im Rückfall aber, oder wenn eine solche Weibs-

*) Avant la loi du 26 février 1876 cette disposition était ainsi conçue:
6) «eine Weibsperson, welche, polizeilichen Anordnungen zuwider, gewerbsmässig Unzucht treibt».

person mit der Lustseuche behaftet ist, mit geschärftem Gefängnis bis auf 6 Monaten bestraft. (§ 184).

Soleure. Weibspersonen, welche gewerbsmässig Unzucht treiben und solche, die an öffentlichen Orten Gelegenheit aufsuchen, sollen auf Anordnung der Polizeidirection bis auf 3 Tage in Haft gesetzt. — — Im Rückfalle sind, dieselben gerichtlich mit Gefängnis bis auf 3 Monate zu bestrafen. (§ 106).

Saint-Gall. Gewerbmässige Unzucht wird mit Gefängniss von 8 Tagen bis auf 1 Monat und im Rückfalle mit Gefängniss bis auf 3 Monate bestraft. (§ 178).

Tessin. La prostitution (comme métier) est infligée d'arrêt de 3 à 5 jours. Si la prostituée aura été attaquée de la maladie vénérienne et néanmoins aura continué son métier, elle sera punie d'arrêt de 7 jours et d'amende de troisième degrè (ɔ: de 51 à 250 frcs.). (§ 425).

Untervalden-le-Haut. Weibspersonen, die mit Unzucht Gewerbe treiben, werden im ersten Straffall mit Ehreneinstellung auf unbestimmte Zeit und mit Arbeitshaus bis auf 8 Monaten, im zweiten Fall mit dem Doppelmass der vorherigen Sentenz belegt. Strafhaft bei Wasser und Brod kann die Arbeitshausstrafe kürzen. Kantonsfremde Dirnen sollen mit unter Umständen zu verschärfender Freiheitsstrafe bis 3 Monate belegt, des Landes auf immer verwiesen werden. (Polizeistrafgezetz § 108).

Valais. & Vaud. La prostituée est punie par un emprisonnement (une réclusion) qui ne peut excéder 6 mois (*Valais* § 198, *Vaud* § 197).

Italie. * * * *

Autriche. Die Bestrafung derjenigen, die mit ihrem Körper unzüchtiges Gewerbe treiben, ist der Ortspolizei überlassen. Wenn jedoch die Schanddirm durch die Oeffentlichkeit auffallendes Aergerniss veranlasst, junge Leute verführt oder da sie wüsste, dass sie mit einer venerischen Krankheit behaften var dennoch ihr unzüchtiges Gewerbe fortgezetzt hat, soll dieselbe für diese Uebertretung mit strengen Arreste von einem bis zu drei Monaten bestraft werden. (§ 509).

Hongrie. * * * *

Russie. La prostitution n'est pas considerée, comme délit, sauf des réglements de police en vertu de l'art. 44 du «Code pour juges de paix».

Finlande. Wer ein Haus unterhält, um daselbst Unzucht zu treiben oder wer eine Frau zur gewerbmässigen Unzucht verleitet, wird wegen Kuppelei mit Zuchthaus bis zu 3 Jahren und Verlust der bürgerlichen Ehrenrechte bestraft.

Eine Frau, die sich in einem solchen Hause oder sonst öffentlich zur gewerbmässigen Unzucht brauchen lässt, wird mit Gefängnis bis zu 2 Jahren bestraft. (chap 20 § 10).

Etats-Unis d'Amerique.

Connecticut. Every person frequenting, residing in, keeping or maintaining a house, reputed to be a house of ill-fame, or house of assignation, may by any justice of the peace, upon complaint of a proper informing officer, be required to become bound in a recognizance, with surety, to the town in wich such house is situated, for his good behavior; and shall, if he shall neglect to become so bound, and pay the costs of prosecution, be committed to the workhouse in the town, or jail of the county, where the offence was committed, not more than 30 days, and until such costs are paid; and he may appeal from the order of said justice of the peace, to the next Superior Court in such county; and if he shall, within 6 months thereafter, be again convicted of the same offense, such recognizance shall be forfeited. (G. S. sect. 1560).

Massachusetts — — — — Common night walkers both mall and female — —, lewd, wanton, and lascivious persons in speach or behavior, — — — — and all other idle and disorderly persons, including therein those persons who neglect all lawful business and habitually spend their time by frequenting houses of ill fame — — —, may be committed for a term not exceeding 6 months to the house of correction — — —. A female offender under this section may in the discretion of the court be committed to the reformatory prison for women for a term not exceed. 2 years. (G. S. chap. 207 sect. 29)

Canada.

Tous ceux qui

— — — — — — — — — — — — — — — — — — — —

(i) Sont des prostituées ou coureuses de rues, errant la nuit dans les champs, les rues publiques ou grands chimens, les ruelles ou les lieux d'assemblées publiques ou de rassemblements, et qui ne rendent pas d'elles-mêmes un compte satisfaisant;

(j) Tiennent ou habitent des maisons de désordre, maisons de prostitutions ou maisons mal famées, ou des maisons frequentées par des prostituées ou les personnes qui ont l'habitude de fréquenter ces maisons. et qui ne rendent pas d'eux-mêmes un compte satisfaisant;

(k) N'exercent pas de profession ou de métier honnête propre à les soutenir, mais cherchent surtout des mogens d'existence dans — — — les fruits de la prostitution: — — — seront — — passibles d'une amende n'excédant pas 50 piastres ou d'un emprisonnement, avec ou sans travaux forcés, de 6 mois au plus, ou des deux peines à la fois. (S. R. chap. 157 sect. 8).

Australie méridionale.

Any common prostitute who shall sollicit, importune, or accost any person or persons for the purpose of prostitution in any public street, road, thoroughfare, or place, or within the view or hearing of any person passing therein — — —, shall forfeit and pay on conviction any sum not exceeding 2 £, or may be committed to gaol for any period not exceeding 1 calendar month. (Police Act 1869—70 sect. 59).

Every common prostitute wandering in the public streets or highways or being in any thorougfare or place of public resort, and behaving in a riotous and indecent manner, shall be liable to imprisonment for any time not exceeding 2 calendar months, with or without hard labor. (Police Act 1869—70, sect 62, 8).

V. Publication, exposition, vente, distribution de livres, d'écrits, d'images ou de figures obscènes — Annonces d'objets contraires aux bonnes mœurs — Représentations ou discours publics offensant la pudeur et la décence. *)

Norvège.

Quiconque aura offensé les bonnes mœurs en écrit imprimé ou par représentation, production, exposition, lecture ou discours public, sera puni d'amende, d'emprisonnement ou des travaux forcés de 6 mois à 3 ans. Comme offense des mœurs il sera aussi considéré si quelqu'un, de la susdite manière, donne des enseignements sur l'application des remèdes prévenant la procréation d'enfants par l'acte sexuel, ou provoque à l'usage de tels remèdes (chap. 8 § 3).

Suède.

Quiconque répand des écrits, des peintures, des dessins ou des images qui offensent la pudeur et les bonnes mœurs, sera puni d'une amande ou d'un emprisonnement de 6 mois au plus.

Danemark.

Quiconque publie un écrit obscène, sera puni d'emprisonnement ou d'amende. Serà frappée de la même peine qui vend, distribue ou d'une autre manière répand ou publiquement expose des image scontraires aux bonnes mœurs (§ 184).

Angleterre.

(3). Whoever affixes to or inscribes on any house, building, wall, boarding, gate, fence, pillar, post, board, tree, or any other thing whatsoever so as to be visible to a person being in or passing along any street, public

---

*) Voyez aussi en VI.

**) Every one commits a misdemeanor who without justification,

a) publicly sells or exposes for public sale or to public view, any obscene book, print, picture, or other indecent exhibition.

b) publicly exhibits any disgusting object.

(*Stephen*'s Digest art. 172; voyez 20 & 51 Vict., c. 83 s. 1; 14 & 15 Vict., c 100 s. 29).

highway, or footpath, and whoever affixes to or inscribes on any public urinal, or delivers or attempts to deliver, or exhibits, to any inhabitant or to any person being in or passing along any street, public highway, or footpath, or throws down the area of any house, or exhibits to public view in the window of any house or shop, any picture or printed or written matter which is of an indecent or obscene nature, shall be liable to a penalty not exceeding 40 shillings, or, in the discretion of the Court, to imprisonment for any term not exceeding 1 month, with or without hard labour.

(4) Whoever gives or delivers to any other person any such pictures, or printed or written matter mentioned in section three of this Act with the intent that the same, or some one or more thereof, should be affixed, inscribed, delivered, or exhibited as therein mentioned, shall, be liable to a penalty not exceeding 5 pounds, or, in the discretion of the Court, to imprisonment for any term not exceeding 3 months, with or without hard labour.

(5) Any advertisement relating to syphilis, gonorrhæa, nervous-debility, or other complaint or infirmity arising from or relating to sexual intercourse, shall be deemed to be printed or written matter of an indecent nature within the meaning of section three of this Act, if such advertisement is affixed to or inscribed on any house, building, wall, hoarding, gate, fence, pillar, post, board, tree, or other thing whatsoever, so as to be visible to a person being in or passing along any street, public, highway, or footpath, or is affixed to or inscribed on any public urinal, or is delivered or attempted to be delivered to any person being in or passing along any street, public highway, or footpath. (52 & 53 Vict. ch. 18 sect. 3—5).

France.

L'outrage aux bonnes mœurs *) commis par l'un des moyens énoncés en l'article 23 **) sera puni d'un emprisonnement de 1 mois à 2 ans et d'une amende de 16 fr. à 2000 fr. — Les mêmes peines seront applicables à la mise en vente, à la distribution ou à l'exposition de dessins, de gravures, peintures, emblemes ou images obscènés. Les exemplaires de ces dessins, gravures, peintures, emblemes au images obscènes exposés au regard du public, mis en vente, colportés ou distribués, seront saisis («Loi sur la Presse» de 1881 art. 28).

Belgique & Luxembourg

Quiconque aura exposé, vendu ou distribué des chansons, pamphlets ou autres écrits imprimés ou non, des figures ou des images contraires aux

*) Toute exposition ou distribution de chansons, pamphlets, figures ou images contraires aux bonnes mœurs, sera puni d'une amende de 16 frcs. à 500 frcs., d'un emprisonnement de 1 mois à 1 an. (code pénal art. 287).

**) Seront punis comme complices d'une action qualifieé crime au délit ceux qui, soit par des discours, cris ou menaces proférés dans des lieux ou réunions publics soit par des écrits, des imprimés vendus ou distribués, mis en vente ou exposés dans des lieux au réunions publics, soit par des placards ou affiches, exposés aux regards du public, auront directement provoque l'auteur ou les auteurs à commettre ladite action, si la provocation a été suivie d'effet. (art. 23).

bonnes mœurs, sera condamné à un emprisonnement de 8 jours à 6 mois et à une amende de 26 francs à 500 francs (art. 383). *)

Dans le cas prévu par l'article précédent l'auteur de l'écrit, de la figure ou de l'image, celui qui les aura imprimés ou reproduits par un procédé artistique quelconque, sera puni d'un emprisonnement de 1 mois à 1 an et d'une amende de 50 francs à 1000 francs (art. 384). *)

Hollande. (Pays-Bas).

Wer eine in sittlicher Beziehung anstössige Abbildung oder ein solches Flugblatt, dessen Inhalt er kennt, verbreitet, öffentlich ausstellt, anschlägt oder zur Verbreitung vorräthig hält, wird mit Gefängniss bis zu drei Monaten oder Geldbusse bis zu 300 Gulden bestraft. — — — (art. 240).

Empire d'Allemagne.

Wer unzüchtige Schriften, Abbildungen oder Darstellungen verkauft, vertheilt oder sonst verbreitet, oder an Orten, welche dem Publikum zugänglich sind, ausstellt oder anschlägt, wird mit Geldstrafe bis zu 100 Thalern oder mit Gefängniss bis zu 6 Monaten bestraft. (§ 184).

Cantons suisses.

Appenzell-Rh.-Ext.

Wer überhaupt durch unsittliche Handlungen — — — Aergerniss erregt, unzüchtige Schriften, Bilder und dgl. verbreitet, wird mit Geldbusse bis auf Fr. 200, oder mit Haft oder mit Gefängniss bis auf 6 Monate mit oder ohne Geldbusse bestraft. (§ 104).

Bâle.

Wer unzüchtige Schriften oder Bilder verkauft, verbreitet oder öffentlich ausstellt, wird mit Gefängniss bis zu 1 Jahr oder Geldbusse bestraft. (§ 98).

Berne.

Wer sittenlose Schriften, Lieder oder Bilder ausstellt oder verbreitet wird mit Gefängniss bis zu 20 Tagen oder mit einer Geldbusse bis zu 100 Franken bestraft. (§ 161).

Fribourg.

Celui qui vend, distribue ou répand des écrits, des images ou des figures obscènes et contraires aux bonnes mœurs; celui qui les expose ou les affiche dans des lieux accessibles au public, sera puni de 15 jour à 6 semaines de prison ou d'une amande de 300 frcs. au plus. (§ 393).

Genève.

Sera puni d'un emprisonnement de 6 jours à 6 mois ou d'une amende de 50 francs à 500 francs, quiconque aura exposé aux regards du public, vendu et distribué des écrits, chansons, dessins, gravures ou peintures obscènes. (§ 211).

Glaris.

Wer — — — zur Verbreitung oder Veröffentlichung unzüchtiger Schriften, Abbildungen oder Darstellungen mitwirkt, wird mit Gefängniss, verbunden mit Busse in schweren Fällen mit Arbeitshaus bestraft. (§ 80).

---

*) Comp. art. 386 sous VI, ci-dessous.

Neufchâtel. Celui qui publiquement distribue, vend, ou expose en vente, loue ou expose en louage des livres, des écrits, des images ou des représentations obscènes, sera puni de l'emprisonnement jusq'à 4 mois et de l'amende jusqu'à 1000 francs. (Le projet de code pénal de 1889 art. 289).

L'annonce dans les feuilles publiques de publications et d'images pornographiques, ainsi que la vente en gros de pareilles publications ou images, seront passibles des peines établies à l'article précédent. (Le projet art. 290).

Saint Gall. Wer durch unsittliche Reden oder Handlungen öffentlich Aergerniss verursacht, oder unsittliche Schriften, Bilder oder Darstellungen veröffentlicht oder verbreitet oder dazu mitwirkt, wird wegen Erregung öffentlichen Aergernisses polizeilich mit einer Geldbusse bis auf Fr. 100, im Wiederholungsfalle dagegen gerichtlich mit Geldstrafe bis auf Fr. 500 oder mit Gefängniss bis auf 3 Monate bestraft. Diese Geld- und Gefängnissstrafen können auch mit einander verbunden werden. (§ 176).

Tessin. L'exposition ou la vente publique des figures ou des livres obscènes et provoquant à libertinage est infligée d'amende du premier ou deuxième degrè.*) (§ 247).

La vente privée des productions de l'art obscènes, commise par des merciers sera puni de l'amende du deuxième à troisième degrè.*) (§ 426).

Unterwalden le Haut. Wer durch unsittliche Worte oder Handlungen Aergerniss erregt oder unsittliche Schriften oder Bilder ausstellt, verkauft oder auslehnt, ist mit Geldstrafe bis 150 Franken zu belegen. Im Rück- fall erfolgt Geldstrafe bis auf 200 Franken oder angemessene Freiheitsstrafe. In allen erheblichern Fällen kann zeitige Einstellung im Aktivbürgerrecht und Einstellung im missbrauchten Gewerb erfolgen. (Polizeistrafgesetz § 105).

Vaud. Celui qui, publiquement, vend ou expose en vente, loue ou expose en louage des livres, des écrits ou des images obscènes, est puni par une amende qui ne peut excèder 100 francs et, s'il y a lieu, par un emprisonnement qui ne peut excéder un mois.

Le Tribunal ordonne, en outre, la confiscation et la destruction du corps du délit. (art. 196).

Zoug. Wer durch unzüchtige Handlungen wissentlich offentliches Aergerniss erregt; ebenso wer zur Verbreitung oder Veröffentlichung unzüchtiger Schriften, Abbildungen oder Darstellungen mitwirkt, wird mit Geldbusse, im Rückfalle mit Geldbusse und Gefängniss bestraft. (§ 102).

---

*) Premier degrè, de francs 5 à 25; deuxième degrè, de francs 26 à 50; troisième degrè de francs 51 à 250.

Italie.

War mittels unter irgend einer Form verbreiteter oder dem Publikum ausgestellter oder zum Verkauf angebotener Schriften, Zeichungen oder anderer unzüchtiger («osceni») Gegenstände das Schamgefühl verletzt, wird mit Einschliessung bis zu 6 Monaten und mit Geldstrafe von 50 bis zu 1000 Lire bestraft.

Ist die That in gewinnsüchtiger Absicht begangen, so tritt Einschliessungsstrafe von 3 Monaten bis zu 1 Jahr und Geldstrafe von 100 bis zu 2000 Lire. (art. 339).

Autriche.

Wer durch bildliche Darstellungen oder durch unzüchtige Handlungen die Sittlichkeit oder Schamhaftigkeit gröblich und auf eine öffentliches Aergerniss erregende Art verletzt, macht sich einer Uebertretung schuldig und soll zu strengem Arreste von acht bis zu sechs Monaten verurtheilt werden. Wurde aber eine solche Verletzung durch Druckschriften begangen, so ist sie als ein Vergehen mit strengen Arreste von sechs Monaten bis zu einem Jahre zu strafen (§ 516).

Wer (öffentlich, oder vor mehreren Leuten, oder in Druckwerken verbreiteten bildlichen Darstellungen oder Schriften) die Einrichtungen der Ehe, der Familie — — — herabwürdigt oder zu erchüttern versucht, oder zu unsittlichen oder durch die Gesetze verbotenen Handlungen aneifert oder zu verleiten sucht, oder dieselben anpreist oder zu rechtvertigen sucht, ist, insofern sich darin nicht eine schwerer verpönte strafbare Handlung darstellt — — — mit Arrest von 1 bis zu 6 Monaten zu bestrafen. (Bedingungsweise kann die Strafe auf strengen Arrest bis zu 1 Jahre ausgedehnt werden). (§ 305).

Wer vor einer Menschenmenge unzüchtige Reden führt, wer unzüchtige Schriften oder bildliche Darstellungen verbreitet, an einem allgemein zugänglichen Orte anschlägt oder ausstellt, in Druckschriften ankündigt, oder durch Ankündigung in Druckschriften unzüchtige Verbindungen einzuleiten oder zur Sinnenlust aufzureizen sucht, wird mit Gefängnis bis zu 6 Monaten oder an Geld bis zu 500 fl. bestraft. (Projet § 194).

Hongrie.

Wer unzüchtige Schriften, Druckwerke oder bildliche Darstellungen an öffentlichen Orten ausstellt, verkauft oder verbreitet, begeht ein Vergehen gegen die Sittlichkeit und wird mit Gefängnis bis zu 3 Monaten und an Geld bis zu 100 Gulden bestraft.

Der Verfasser, Verfertiger oder Drucker solcher Schriften, Druckwerke oder bildlicher Darstellungen wird, wenn deren Vervielfältigung, Verbreitung oder öffentliche Ausstellungen mit seinem Wissen erfolgt, mit Gefängnis bis zu 6 Monaten und an Geld bis zu 500 Gulden bestraft. (§ 248).

Russie.

D'après l'art 45 du code pour Juges de paix, la publication, la distribution, la vente etc., des livres, des images ou des représentations obscènes sont punissables d'un arrêt jus'qu'à 7 jour ou d'une amende de 25 roubles.

Finlande. Gleiche Strafe (o: Geldstrafe oder Gefängnis bis zu 6 Monaten) trifft den, der Druck- oder andere Schriften oder bildliche Darstellungen, die Zucht und Sitte verletzen, verbreitet oder an allgemein zugänglichen Stellen anschlägt oder ausstellt. (chap. 20 § 14).

Etats-Unis d'Amerique. Massachusetts. Whoever imports, prints, publishes, sells or distributes a book, pamphlet, ballad, printed paper, or other thing containing obscene, indecent or impure language, manifestly tending to the corruption of the morals of youth, or an obscene, indecent, or impure print, picture figure, or discription, manifestly tending to the corr. of the youth, or introduces into a family, school, or place of education, or buys, procures, receives, or has in his possession any such book, pamphlet, ballad, printed paper, or other thing, either for the purpose of sale, exhibition, loan, or circulation, with intent to introduce the same inte a family shool, or place of education, shall be punished by imprisonment in the state prison not exceeding 4 years, or by imprisonment in the jail not exceeding 2 years and by fine not exceeding 1000 dollars nor less than 100 dollars (G. S. chap. 207 sect. 15).

Whoever sells, lends, gives away or has in his possession with intent to sell or distribute, or otherwise offers for loan, gift, sale or distribution to any minor child any book, pamphlet, magazine, newspaper or other printed paper devoted to the publication or principally made up of criminal news, police reports, or accounts of criminal deeds, or pictures or stories of lust or crime, or exhibits upon any street or in any other place within the view or wich may be within the view of minor child, or in any manner hires or employs any minor child to sell or give away, or in any way to distribute, or who having the custody or control of any minor child permits such child to sell, give away or in other way to distribute any such book, pamphlet, magazine, newspaper or printed paper, shall be punished by imprisonment — — — not exceeding 2 years or by fine not exceeding 1000 dollars nor less then 100 dollars. («act concerning obscene publications» de 1885 chap. 305).

Minnesota. & New-York. A person who sells, lends gives away or offers to give away, or shows or has in his possession, with intent to sell or give away, or to show, or advertises or otherwise offers for loan gift, sale or distribution an obscene or indecent book, (pamphlet newspaper, storypaper) writing, paper, picture, drawing or photograph, or any article or instrument of indecent or immoral use (character), or who designes, copies, draws, photographs, or otherwise prepares such a book, picture, drawing paper, or other article, or writes or prints, or causes to be written or printed, a circular advertisement, or notice of any kind, or gives information orally, stating, when, where, how or of whom, or by what means, such an indecent or obscene article or thing can be purchased or obtained, is guilty of a misdemeanour. (*Minnesota* sect. 277 § 1, *New-York* sect. 317).

D'après *Minnesota* sect. 277 §§ 2, 3 et 4 les cas prévenus dans *Massachusets* 1885, chap. 305 sont aussi des «misdemeanors» (punissables d'un emprisonnement jusqu'à 1 an ou d'une amende de 500 dollars au plus ou les deux peines à la fois).

A person who sells, lends, gives away etc. — — —, or advertises or offers for sale loan or distribution, any instrument or article, or any drug or medicine, for the prevention of conception, or for causing unlawful abortion, or who writes or prints, or causes to be written or printed, a card, circular etc. or gives information etc. — — — by what means such an article or medicine, can be purchased or obtained, or who manufactures any such article or medicine, is guilty of a misdemeanor. (*Minnesota* sect. 278, *New-York* sect. 318).

A person who deposits, or causes to be deposited, in any post office within the state, or places in charge of an express company, or of common carrier, or other person, for transportation, any of the articles or things specified in the two last sections, or any circular etc. — — — relating thereto with the intent of having the same conveyed by mail or express — — — or who knowingly or willfully receives the same with intent to carrey or convey, or knowingly or willfully carries or conveys the same — — — except in the United States mail, is guilty of misdemeanor. *Minnesota* sect, 279, *New-York* sect. 319).

Australie méridionale.

Any person wilfully exposing to view in any street, road, thoroughfare, highway, or public place, or shall expose or cause to be exposed in any window, or other part of any shop or other building situate in any street, road etc., or who shall offer for sale or attempt to dispose of any obscene book, print, picture, drawing, or representation, shall be liable to imprisonment in any goal — — with or without hard labour for any time not exceeding 3 months (Police Act — 1869—70 sect. 63,6).

VI. Outrage public aux mœurs.*)

Norvège. * * * *

Suède. (Une amende ou un emprisonnement de 6 mois à 1 an) sera prononcé contre celui qui outrage les mœurs ou blesse la pudeur par des autres actions donnant lieu au scandale public ou à la corruption d'autrui (chap. 18 § 13).

Danemark. Celui qui par impudicité outrage la pudeur ou occasionne du scandale public, sera puni d'emprisonnement au pain et à l'eau ou de maison de correction (§ 185).

*Angleterre**).* It shall be lawfull for any justice of peace to commit to the house of correction, there to be kept to hard labour for any time not exceeding 3 calendar months: every person wilfully exposing to view, in any street, road, highway, or public place, (and also every person who shall wilfully expose or cause to be exposed to public view in the window and other part of any shop or other building situate in any street, road, highway or public place) any obscene print, picture or other indecent exhibition; every person wilfully openly lewdly, and obscenely exposing his person in any street, road, or public highway, or in the view thereof, or in any place of public resort, with intent to insult any female. (5 Geo. 4, c. 83, s. IV — cfr. 1 & 2 Vict., c. 38 s. II).

France. Toute personne qui aura commis un outrage public à la pudeur, sera puni d'un emprisonnement de 3 mois à 2 ans, et d'une amende de 16 francs à 200 francs (art. 330).

---

*) Voyez aussi en V.

**) Every one commits a misdemeanor who does any grossly indecent act in any open and public place in the presence of more persons than one; but it is uncertain wether such conduct in a public place amounts to a misdemeanor if it is done when no one is present or in the presence of one person only.

A place is public within the meaning of this article if it is so situated that what passes there can be seen by any considerable number of persons if the happen tho look. (art. 171 of «The digest of the crim al law» by *J. F. Stephen*).

Quiconque aura publiquement outragé les mœurs par des actions qui blessent la pudeur, sera puni d'un emprisonnement de 8 jours à 1 an et d'une amende de 26 francs à 500 francs (art. 385). *Belgique & Luxembourg*

Dans les cas prévus au présent chapitre les coupables pourront, de plus, être condamnés a l'interdiction des droits indiqués aux n°s 1, 3, 4 et 5 [et 7, *Luxembourg*] de l'art 31*). (art. 386).

Mit Gefängniss bis zu zwei Jahren oder Geldbusse bis zu dreihundert Gulden wird bestraft: *Hollande. (Pays-Bas)*

1) Öffentliche Verletzung der Schamhaftigkeit («eerbarheid»);
2) Verletzung der Schamhaftigkeit bei welcher ein anderer wider Willen zugegen ist. (art. 239).

Mit Haft bis zu drei Tagen oder Geldbusse bis zu fünfzehn Gul- wird bestraft:

1) Wer öffentlich unanständige Lieder singt;
2) Wer öffentlich unanständige Reden hält;
3) Wer an einem von dem öffentlichen Wege sichtbaren Orte unanständige Worte oder Zeichnungen anbringt. (art. 451).

Wer durch eine unzüchtige Handlung öffentlich ein Argernisz giebt, wird mit Gefängniss bis zu zwei Jahren oder mit Geldstrafe bis zu fünfhundert Mark bestraft. *Empire d'Allemagne*

Neben der Gefägniszstrafe kann auf Verlust der bürgerlichen Ehrenrette erkannt werden (§ 183).

Vergeben gegen die öffentliche Ruhe, Ordnung, Sicherheit und Sittlichkeit werden zuchtpolizeilich bestraft, sofern sie nicht ihrer Natur oder den sie begleitenden Umständen nach der kriminellen Bestrafung unterliegen. (Zuchtpolizeigesetz 1). *Cantons suisses. Argovie*

Wer durch eine unzüchtige Handlung öffentlich ein Aergerniss giebt, wird mit Gefängniss bis zu 2 Jahren bestraft. (§ 98). *Bâle.*

---

*) 1°. De remplir des fonctions, emplois ou offices publics

3°. De porter aucune décoration, aucun titre de noblesse;

4°. D'être juré, expert, témoin instrumentaire ou certificateur dans les actes; de déposer en justice autrement que pour y donner de simples renseignements;

5°. De faire partie d'aucun conseil de fammille, d'être appelé aux fonctions de tuteur· subrogé tuteur ou curateur, si ce n'est de leurs enfants et sur l'avis conforme du conseil de famille; comme aussi de remplir les fonctions de conseil judiciaire ou d'administrateur provisoire.

7°. (seulement Luxembourg) De tenir école ou d'enseigner, ou d'être employé dans un établissement d'instruction à titre de professeur, maître ou surveillant

Berne. Wer öffentlich die Schamhaftigkeit verletzt und wer widernatürliche Unzucht begeht wird mit Gefängniss bis zu 60 Tagen oder mit Korrektionshaus bis zu 1 Jahr oder mit Geldbusse bis 500 Franken bestraft. (§ 162).

Fribourg. Celui qui occasionne un public scandale en offensant la pudeur et les bonnes mœurs, sera puni de 3 mois à 2 ans de réclusion à la maison de correction. Il pourra être condamné à l'interdiction de l'exercice de ses droits civiques pendant 10 ans au plus. (§ 394).

Genéve. Quiconque, avec intention, aura outragé les mœurs par des actions blessant publiquement et directement la pudeur sera puni d'un emprisonnement de 1 mois à 1 an. (§ 212).

Glaris. Wer durch unzüchtige Handlungen öffentliches Aergerniss erregt, — — — wird mit Gefängniss, verbunden mit Busse, in schweren Fällen mit Arbeitshaus bestraft. (§ 80).

Grisons. Wer durch andre Handlungen, welcher Art immer, insofern solche nicht unter das Strafgesetz fallen, oder durch Schrift oder bildliche Darstellungen die Keuschheit verletzt, wird je nach dem dadurch gegebenen Aegernisse, mit Gefängniss bis auf 1 Monat oder mit Geldbusse bis auf Fr. 100 bestraft (Polizeistrafgesetz § 21).

Lucerne. Wer öffentlich durch bildliche Darstellungen, Schriften, Reden oder Handlungen die Sittlichkeit oder Schamhaftigkeit verletzt, soll mit einer Geldbusse bis auf 50 Franken und in besonders schweren Fällen mit Gefängniss bestraft werden. (Polizeistrafgesetz, art. 143).

Neufchâtel. Toute personne qui aura commis un outrage public à la pudeur, sera punie d'un emprisonnement de 10 jours à 6 mois et d'une amende de 20 à 100 francs.

Si cependant l'outrage n'avait pas un caractère suffisant de gravité, le prévenu pourra être renvoyé devant les tribunaux de simple police. (art. 139).

Toute personne qui aura commis un outrage public aux mœurs, par des propos ou des actes obscènes, sera punie de l'emprisonnement jusqu'à 6 mois et de l'amende jusqu'à 500 francs. Dans les cas qui ne présentent pas uncaractère particulier de gravité, la prison civile jusqu à 15 jours pourra remplacer l'emprisonnment, et le maximum de l'amende ne depassera pas 100 francs. (Le projet art. 288).

Seront punis de la prison civile: . . 3) ceux qui auront outragé les mœurs, soit par des actes, soit par le production, l'exhibition ou la distribution de chansons, imprimés, figures ou images obscènes, lorsque l'infraction n'est pas assez grave pour être réprimée comme un délit, ... (Le projet art. 443).

Schaffhouse. Die Verletzung der Sittlichkeit durch unzüchtige zum öffentlichen Aegernis gereichende Handlungen, durch Verbreitung unzüchtiger Schriften oder bildlicher Darstellungen oder auch durch öffentliche Ausstellung der letztern ist mit Gefängniss bis auf 6 Monate oder, — und zwar einzeln oder in Verbindung mit der Freiheitstraffe — mit Geldbusse bis auf 200 Franken zu belegen.

Ausserdem sind die betreffenden Schriften oder Bilder zu konfisziren. (§ 188).

Schwyz. Mit Freiheitsstrafe bis auf 5 Jahre werden bestraft — — — b diejenigen welche durch unzüchtige Handlungen grosses Aergerniss geben — — — (§ 93).

Soleure. Wer durch unzüchtige Handlungen öffentliches Aergerniss erregt, oder sich solche in Gegenwart von Kindern erlaubt, ebenso wer zur Verbreitung oder Veröffentlichung unzüchtiger Schriften, Abbildungen oder Darstellungen mitwirkt, wird mit Gefänguiss bis auf 3 Monats oder mit Geldbusse bis auf 300 Franken bestraft. (§ 107).

Tessin. Celui qui publiquement offense la pudeur par des actes rejetables et provoquant du scandale, sera puni de détention du premier ou du deuxième degrè*) ou d'amende du premier ou deuxième degrè**). (§ 246).

Thurgovie. Wer unzüchtige Handlungen auf eine öffentlicher Aergerniss erregende Weise verübt, wer in solcher Art unzüchtige Schriften oder bildliche Darstellungen verbreitet, soll mit Arbeitshaus bis auf 2 Jahre, Gefängniss oder Geldbusse bestraft werden. (§ 111).

Unterwalden-le-Haut. Personen die durch Sittlicheit offenbar verletzende Kleidung und Geberden Aegerniss geben, können von der Polizei aus mit Arrest bis auf 2 Mal 24 Stunden oder mit Geldbusse bis 20 Franken und vom Gericht aus mit Freiheitsstrafe bis auf 3 Wochen belegt, sowie von Letzterm unter besondere polizeiliche Aufsicht gestellt werden. (Polizeistrafgesetz § 115).

Valais. Celui qui offense publiquement les bonnes mœurs, soit par des actions obscènes, soit par des discours, soit par des écrits au chansons, soit en expo-

---

*) Premier degrè — de 3 jour à 3 mois; deuxième degrè — de 3 mois à 1 an.

**) Premier degrè — de frcs. 5 à 25, deuxième degrè — de frcs. 26 à 50.

sant publiquement des figures obscènes, soit en entretenant un commerce illicite avec scandale public, est puni par une amende qui pourra s'élever à 100 francs, ou par un emprisonnement qui pourra s'étendre à 1 mois. Dans les cas qui offrent peu de gravité, il y aura simplement lieu à une peine de police. (art. 196).

Sera puni de la peine mentionnée à l'article précédent l'outrage à la pudeur qui aura été commis dans un lieu particulier, lorsque la partie offensée en aura porté plainte. (art. 197).

Vaud. Celui qui outrage publiquement les mœurs par des propos ou par des actions obscènes, est puni par une amende qui ne peut excéder 60 francs, ou par un emprisonnement qui ne peut excéder 15 jours. (art. 195).

Zurich. Wer durch unzüchtige Handlungen öffentliches Aergerniss erregt oder sich solche in Gegenwart von Kindern erlaubt, ebenso wer zur Verbreitung oder Veröffentlichung unzüchtiger Schriften, Abbildungen oder Darstellungen mitwirkt, wird mit Gefängniss verbunden mit Busse bestraft. In schwereren Fällen kann auch Arbeitshaus verhängt werden. (§ 123).

Italie. Wer, abgesehen von den in den voraufgehenden Artikeln angegebenen Fällen, das Schamgefühl oder die gute Sitte durch an einem öffentlichen oder dem Publikum zugänglichen Orte vorgenommene Handlungen verletzt, wird mit Einschliessung von 3 bis zu 30 Monaten bestraft (§ 338).

Wer in der Oeffentlichkeit eine unzüchtige Nacktheit zeigt, oder mit Worten, Gesängen oder andern Handlungen die öffentliche Schamhaftigkeit verletzt, wird mit Haft bis zu 1 Monat oder mit Geldstrafe von 10 bis zu 300 Lire bestraft (§ 490).

Autriche. Comp. en V (§§ 305 & 516).

Wer durch eine unzuchtige Handlung oder Darstellung öffentlich ein Aergerniss gibt, wird mit Gefängniss bis zu 1 Jahre oder an Geld bis zu 1000 fl. bestraft (Projet § 193).

Wer öffentlich in ärgernisserregende Weise ohne entsprechende Bekleidung badet, wird mit Haft, bis zu 3 Tagen oder an Geld bis zu 20 fl. bestraft (Projet § 449).

Hongrie. Wer durch eine die Schamhaftigkeit verletztende Handlung öffentlich Aergerniss erregt, wird mit Gefängniss bis zu 3 Monaten und an Geld bis zu 200 Gulden bestraft (§ 249).

Russie. En vertu de l'art. 42 du code pour Juges de paix l'outrage public aux mœurs sera infligé d'un arrêt de 7 jours ou d'une amende de 25 roubles.

Finlande. Wer öffentlich unzüchtige Handlungen vornimmt und dadurch Aergerniss gibt, wird mit Geldstrafe oder Gefängniss bis zu 6 Monaten bestraft. chap. 20 § 14).

Etats-Unis d'Amérique. Massachusetts Whoever in or upon a steamboat, railroad carriage or other public conveyance — — — disturbs or annoys travellers — — — by profane, obscene or indecent language, or by indecent behavior, shall be punished by imprisonment in the jail not exceeding 30 days or by fine not exceeding 50 dollars (1883 chap. 102).

Minnesota. Any Person who is guilty of any open or gross lewdness or lascivious behaviour, or any public indecency, other than the one prohibited by the preceeding section, is guilty of a misdemeanor*) (sect. 276).

Minnesota & New-York. A person who willfully and lewdly exposes his person or the privat parts thereof, in any public place, or in any place, where others are present or procures another so to expose himself is guilty of a misdemeanor*). (*Minnesota* sect. 275, *New-York* sect. 316).

Canada. Quiconque expose intentionellement sa personne d'une manière indécente ou commet quelque acte de grossière indécence dans un endroit public, en présence d'une personne ou plus, est coupable et passible, sur conviction sommaire devant 2 juges de paix, d'une amende de 50 piastres ou d'un emprisonnement de 6 mois, avec ou sans travaux forcés, ou de l'amende et de l'emprisonnement en même temps (53 Vict. (1890) chap. 37 sect. 6).

Tout individu de sexe masculin qui, en public ou privément, commet avec un autre individu du même sexe quelque acte de grossière indecence, ou participe à un acte de cette nature, ou fait commettre ou tente de faire commettre par un autre acte de cette nature, est coupable de délit et passible de 5 ans d'emprisonnement et d'être fouetté (53 Vict. (1890) chap. 37 sect. 5).

Australie méridionale. Whosoever shall lewdly expose his person in any street, road or public place, or within view thereof, shall — — — be liable to be imprisoned for any term not exceeding 1 year, with hard labour, and may be whipped; and whosoever after having been convicted of such offence, shall afterwards commit the said offence, shall on conviction be liable to be imprisoned for 2 years with hard labour, and shall be whipped («Criminal Law Consolidation Act» 1876 sect. 315).

Victoria. If any person unlawfully and indecently assault any woman or girl he shall be guilty of misdemeanor, and being convicted thereof shall be liable at the discretion of the court to be imprisoned for any term not exceeding 3 years. (Projet d'un «Criminal Law Amendment», présenté à la legislature le 1 octobre 1890, Part 1 sect 12).

*) La peine de «misdemeanor» est en général un emprisonnement jusqu'à 1 ans ou une amende de 500 dollars au plus, ou les deux peines cumulées (sect. 13).

VII. Quelques dispositions remarquables concernant les délits contre les mœrs non citées en I—VI.

Danemark. Si, sous les conditions indiquées dant les §§ 161—170, 173 et 174*), un attentat à la pudeur aura eu lieu sans qu'un acte sexuel soit accompli, une peine proportionellement moindre sera infligée (§ 176).

Angleterre. Whenever any person shall be convicted of any one of the offenses following, as an indictable misdemeanor; that is to say — — — any public and indecent exposure of the person; any indecent assault — —; any attempt to have carnal knowledge of a girl under 12 years of age; any public selling, or exposing for public sale or to public view, of any indecent book, print, picture, or other indicent exhibition; it shall be lawfull for the court to sentence the offender to be imprisoned for any term now warranted by law, and also to be kept to hard labour during the whole or any part of such term of imprisonment (14 & 15 Vict. c. 100 s. XXIX).

Whosoever shall be convicted of any indecent assault upon any female, shall be liable, at the discretion of the court to be imprisoned for any term not exceding 2 years with or without hard labour. (24 & 25 Vict., c. 100 s. 52).

Whosoever (ɔ: male person) — — — shall be guilty — — of any indecent assault upon any male person, shall be guilty of a misdemeanor, and being convicted thereof shall be liable, at the discretion of the court, to be kept in penal servitude for any term not exceeding 10 years and not less than 3 years, or to be imprisoned for any term not exceding 2 years, with or without hard labour (24 & 25 Vict., c. 100 s. 62).

Any person who—

(1.) keeps or manages or acts os assists in the management of a brothel, or

(2.) being the tenant, lessee, or occupier of any premises, knowingly permits such premises or any part thereof to be used as a brothel or for the purposes of habitual prostitution, or

---

*) Les §§ 161—5 établient les peines pour l'inceste et les §§ 168—70 pour le viol et les crimes mis dans la même classe. Les §§ 166, 167, 173 et 174 sont cités au-dessus.

(3.) being the lessor or landlord of any premises, or the agent of such lessor or landlord, lets the same or any part thereof with the knowledge that such premises or some part thereof are or is to be used as a brothel, or is wilfully a party to the continued use of such premises or any part thereof as a brothel,

shall be liable —

(1.) to a penalty not exceeding 20 pounds, or, in the discretion of the court, to imprisonment for any term not exceeding 3 months, with or without hard labour, and

(2.) on a second or subsequent conviction to a penalty not exceeding 40 pounds, or, in the discretion of the court, to imprisonment for any term not exeeding tour months, with or withot hard labour;

and in case of a third or subsequent conviction such person may, in addition to such penalty or imprisonment as last aforesaid, be required by the court to enter into a recognizance, with or without sureties, as to the court seems meet, to be of good behaviour for any period not exceeding 12 months, and in default of entering into such recognizance, with or without sureties (as the case may be), such person may be imprisoned for any period not exceeding 3 months, in addition to any such term of imprisonment as faoresaid. (48 & 49 Vict. chap. 69 sect. 13).

France.

Quiconque aura commis un attentat à la pudeur, consommé ou tenté avec violence contre des individus de l'un ou de l'autre sexe, sera puni de la réclusion. (art. 332, 3me alinéa).

Hollande. (Pays-Bas.)

Wer durch Gewalt oder Bedrohung mit Gewalt eine Person zu Begehung oder Duldung unzüchtigen Handlungen zwingt wird wegen thätlichen Angriff auf die Schamhaftigheit mit Gefängniss bis zu 8 Jahren bestraft. (art. 246).

Cantons suisses. Genève.

Sera puni des arrêts de police de 1 jour à 30 jours et d'une amende de 1 à 50 frcs.:

a. Toute personne qui dans un lieu public, aura par paroles, par signes ou gestes manifestement provoqué une ou plusieurs personnes à la débauche; toute personne, qui aura provoqué du scandale sur la voie publique, ou qui aura tenu en public des propos obscènes. (§ 2 de la loi pénale concernant les délits et les contreventions contre la morale publique du 26 septembre 1886).

Tout tenancier d'un local servant habituellement à la prostitution clandestine sera passible d'une amende de 50 à 500 frcs., des arrêts de police de 1 jour à 13 jours et de la perte de droits civiques (— comp. art. 12 du code pénal). (Loi concern. les délits et contraventions contre la morale publique art. 3).

Lucerne. Geringere Sittlichkeitsvergehen, als die in den vorhergehenden Artikeln dieses Titels bezeichneten, werden korrektionell bestraft. (art. 126).

Neufchâtel. L'attentat à la pudeur, commis avec violence ou accompagné de menaces d'un danger immédiat pour la femme qui en est l'objet, sera puni, dans les cas graves, de la réclusion jusqu'à 4 ans. Si les actes delictueux ne présent pas un caractère particulier de gravité l'emprisonnement jusqu'à 2 ans pourra être substitué à la réclusion. (Le projet de code pénal art. 276).

Soleure. Mit Einsperrung bis zu 2 Jahren oder Gefängniss wird bestraft, wer 1) mit Gewalt unzüchtige Handlungen an einer Frauensperson vornimmt oder dieselbe durch Drohung mit gegenwärtiger Gefahr für Leib oder Leben zur Duldung unzüchtiger Handlungen nöthigt; — — — (§ 96).

Unterwalden-le-Haut. Buhlschaften, verdächtige Zusammenkünfte von übelbeleumdeten Personen verschiedenen Geschlechts, zumal von Personen die mit einander sich verfehlt haben, unterliegen einer Freiheitsstrafe bis 14 Tage oder einer Geldstrafe bis 30 Franken. (Polizeistrafgesetz § 114).

Valais & Vaud. Tout autre attentat à la pudeur (ɔ: que viol), commis avec violence contre une personne de l'un ou de l'autre sexe, est puni par une réclusion de 1 an à 6 ans.

Est assimilé à l'attentat à la pudeur avec violence le simple attentat à la pudeur commis sur un enfant de moins de 12 ans. (*Valais* art. 204, *Vaud* art. 200).

Autriche. Wenn jemand einen Menschen, über welchen ihm vermöge der Gesetze keine Gewalt zusteht, — — — auf was immer für eine Art an dem Gebrauche seiner persönlichen Freiheit hindert — — —*). Die Strafe dieses Verbrechens ist Kerker von 6 Monaten bis zu 1 Jahre. (§§ 93—94).

Mit Zuchthaus bis zu 5 Jahren oder mit Gefängniss wird bestraft, wer eine Person durch Gewalt oder durch Drohung mit gegenwärtiger Gefahr für Leib oder Leben zur Duldung unzüchtiger Handlungen nöthigt, oder solche Handlungen an einer Person vornimmt, welche sich in einem Zustande der Wehr-oder Willenlosigkeit befindet. (Projet de 1889 § 188).

Etats-Unis d'Amerique. Connecticut. Every owner of any room or tenement, who shall neglect to use all proper means to eject therefrom any person using or permitting the same to be used for the purpose of prostitution or lewdness, or for gaming, as soon as he lawfully can, after notice of such use from any officer of the community in which such room or tenement is situated, or who shall

*) Cette disposition à été appliqué aux attentats à la pudeur faits avec violence (Cass. du 20 mars 1880).

knowingly let any room or tenement to another for such purpose, or shall knowingly permit the same or any part thereof, while under his control, to be used for such purpose, shall be fined not more than 500 dollars, or imprisoned not more than 6 months. (G. St. sect. 1562).

Every person who shall act as bar-tender, or servant, in a house of ill-fame, which is resorted to for the purposes of prostitution or lewdness, or in a house reputed to be a house or place of assignation, shall be fined not more than one hundred dollars, or imprisoned not more than six months, or both. (G. S. sect. 1562).

Massachusetts.

Whoever sells, leads, gives away, exhibit, or offers to sell, lead or give away an instrument or other article intended to be used for self-abuse, or for any drug, medicine, instrument or article whatever, for the prevention of conception or for causing unlawful abortion, or advertises the same, or writes prints, or causes to be written or printed a card circular, book pamphlet, advertissement or notice of any kind stathing when, where, how, or of whom, or by what means, any such article can be purchased or obtained, or manufactures or makes any such article, shall be punished by imprisonment in the state prison for not more than 5 years, or in the jail or house of correction for not more than 3 years, or by fine of not less than 100 nor more than 1000 dollars. (G. S. chap. 207 sect.).

Minnesota & New-York.

A person who keeps a house ill-fame or assignation of any description, or a house or place for persons to visit for unlawful sexual intercourse, or for any other lewd, obscene or indecent purpose shall be guilty of felony. Any person who keeps a disorderly house, or any place of public resort, by wich the peace, comfort, or decency of a neighborhood is habitually disturbed, or who as agent or owner, lets a building or any portion of a building knowing that it is intended to be used for any purpose specified in this section, or who permits a building or a portion of a building to be so used, is guilty of a misdemeanor. (*Minnesota* sect. 281, *New-York* sect. 322).

Canada.

Quiconque commet un attentat à la pudeur sur une personne du sexe est coupable de délit et passible d'un emprisonnement de moins de 2 ans, et d'être fouetté. (S. R. chap. 162 sect. 41, comp. 1890 chap. 37 sect. 12).

Tous ceux qui — — etalent ou exposent dans les rues, chemins, places ou grandes routes des objets indécents ou y exposent leur personne publiquement ou d'une manière indécente — — — seront reputés coupables de délit et passibles d'une amende n'excédant pas 50 piastres, ou d'un emprisonnement avec ou sans travaux forcés, de 6 mois au plus, ou des deux peines à la fois. (S. R. chap. 157 sect. 8).

Australie méridionale. Any person who shall sing any obscene song or ballad, or write or draw any indecent or obscene word, figure or representation, or use any profane, indecent, or obscene language — — — — in any public street, road, thorough fare or place, — — — shall forfeit and pay on conviction any sum not exceeding 2 £, or may be committed to goal for any period not exceeding 1 calendar month.

Nouvelles Galles du Sud. And whosoever commits an indecent assault upon a male person, of whatever age — — — shall be liable to penal servitude for 5 years. (Cr. l. amend. sect. § 60 moment 2).

Table

des

lois dont des dispositions sont citées (avec indications du contenu des dispositions non citées).

Norvège. «Lov angaaende Forbrydelser» (ɔ: loi concernant des crimes et délits) du 20 août 1842 avec des lois modifiantes, dont la dernière du 6 juillet 1891. (chap. 18 §§ 1—3: viol et crimes assimilés au viol; §§ 4 & 5: enlèvement de femmes et filles; §§ 7 & 8: adultère; § 9: abduction d'une femme de la maison conjugale; § 10: bigamie; §§ 11—16: inceste en différents degrés; § 20: connaissance charnelle d'une femme aliénée; § 21; délit contre la nature; § 23: concubinage où l'un ou tous les deux coupables sont mariés; § 27: patronage ou tenue de bordels et proxénètisme).

Suède. «Straff-Lag» (ɔ: loi pénale) du 16 février 1864 avec des lois modifiantes, dont la dernière du 26 juillet 1890. (chap. 15 §§ 12—16: viol et crimes assimilés au viol; §§ 17—20: enlèvement de personnes du sexe; chap. 17 §§ 1—3: adultère; §§ 4—6: bigamie; chap. 18 §§ 1—5: inceste; § 8 commerce charnel avec une aliénée; § 10: délit contre la nature; § 11, moment 1: maquerellage et entremise).

Danemark. «Almindelig borgerlig Straffelov» (ɔ: loi pénale générale) du 10 février 1866 avec loi modifiante du 10 avril 1874. (§ 159: adultère; § 160: bigamie; §§ 161—5: inceste; §§ 168—170: viol et crimes de la même classe; § 171: ravissement; § 175: enlèvement de filles au-dessous de l'âge de 18 ans; § 177: délit contre la nature).

Angleterre. «Act for punishing idle and disorderly persons, and rogues and vagabonds» (5 Geo. 4 chap. 83) du 21 juin 1824. — «Act to amend and act for punishing idle and disorderly persons and rogues and vagabonds» (1 & 2 Vict. chap. 38) du 27 juillet 1838. — (Act. for more effectually preventing the sale of obscene books, pictures, prints and other articles» — 20 & 21 Vict. chap. 83 — du 25 août 1857).

«Act to consolidate and amend the Statute Law of England and Ireland relating to offences against the person» (24 & 25 Vict. chap. 100) du 6 août 1861 (sect. 48: viol; sect. 53—5: enlèvement de femmes par un motif du lucre [à l'égard d'héritières] ou par violence et de filles au-dessous de l'âge de 16 ans; sect. 57: bigamie; sect. 61—2: délit contre la nature).

«Criminal law amendment act» (48 & 49 Vict. chap. 69) du 14 août 1885 (sect. 7: enlèvement d'une fille au-dessous de l'âge de 18 ans contre son gré; sect. 8: détention de personnes du sexe contre leur gré dans le but d'avoir ou de procurer des commerces honteux avec elles).

«Indecent advertisements act» (52 & 53 Vict. chap. 18) du 26 juillet 1889.

France. «Code pénal» — decrété en février 1810 — avec des lois modifiantes du 21 mars 1832 et du 13 mai 1863 (art. 332, viol et attentat à la pudeur avec violence; art. 336—8: adultère de la femme et punition de son complice; art. 339: punition du mari entretenant une concubine dans la maison conjugale; art. 340: bigamie; art. 354—7: enlèvement de mineurs).— Loi sur la presse du 29 juillet 1881.

Belgique. «Code pénal belge» du 8 juin 1867 (art. 368—71: enlèvement de mineurs; art. 375—6: viol; art. 387—90: adultère, comp. France art. 336, ci-dessus; art. 391: bigami).

Luxembourg. «Loi du 18 juin 1879, portant révision du code pénal», — comparez Belguique ci-dessus.

Hollande (Pays-Bas). «Wetboek van Strafrecht» (ɔ: code pénal) du 3 mars 1881. Les dispositions de ce code sont dans cette œuvre citées conformément à la traduction en allemand du Dr. Teichmann en «Zeitschrift für die gesamte Strafrechtswissenschaft» 1re année, Berlin & Leipsik 1881 (art. 239: adultére — l'un et l'autre des époux également punissables comme aussi le complice; art. 243—4: viol; art. 250: maquerellerie ou entremise; art. 281: enlévement de personnes du sexe, mineures ou par ruse ou violence.

Empire d'Allemagne. «Strafgesetzbuch für das deutsche Reich» du 15 mai 1871 avec loi modifiante du 26 février 1876 (§ 171: bigami; § 172: adultère, et le mari et la femme punissables; § 173: inceste; § 175: délit contre la nature; §§ 177—8: viol; §§ 180—1: maquerellerie ou entremise; §§ 235—8: enlèvement de personnes du sexe, mineures ou par ruse ou violence).

Cantons Suisses. Les codes et les lois pénales des cantons sont citées d'après C. Stoos: «Les codes pénaux suisses rangés par ordre de matières», Bâle & Genève 1890.

Appenzell-Rh.-Ext. «Strafgesetzbuch für den Kanton Appenzell-A.-Rh du 28 avril 1876 (§§ 95—6: viol; § 97: inceste; § 98: délit contre la natur; § 99 bigamie; § 101: maquerellerie; § 102: adultère, pas seulement la femme punissable).

Argovie. «Peinliches Strafgesetz für den Kanton Aargau de 1857 (§§ 94—5: inceste; § 96: délit contre la nature; § 100: violet violence envers une prostituée).

Bâle-ville «Strafgesetz für den Kanton Basel-Stadt du 17 juni 1872 — et;

Bâle-campagne. «Strafgesetz für den Kanton Basel-Landschaft» du 3 fevrier 1873 avec «Einführungsgesetz» du 10 mars 1873 (Seront punis en vertu des codes de la Bâle — § 87: bigamie; § 88: adultère de l'un ou de l'autre époux, mais seulement supposé un divorce subséquent; § 89: inceste; § 91, 1 & 2, & § 92: viol; § 93: délit contre la nature; § 97 & 96: maquerellage ou entremise).

Berne. «Strafgesetzbuch du 30 janvier 1866 (art. 167 & 173: inceste: art. 168: maquerellerie et procuration de prostitution; art. 170 & 172: viol; art. 174: bigamie; art. 175: adultère du mari comme de la femme).

Fribourg. «Code pénal» du 1868 (art. 194: viol; art. 196 & 198: viol incestueux ou avec d'autres circonstances aggravantes; art. 203—4: bigamie; art. 398—400 adultère et du mari et de la femme; art. 401: inceste).

Genève. «Code pénal» du 21 octobre 1874 (art. 279—82: inceste; art. 283: bigamie). Loi pénale concernant les délits et contreventions contre la morale publique du 26 september 1888 (art. 1: maquerellage et procuration habituelle de la prostitution d'autri).

Glaris. «Strafgesetzbuch» de 1867 avec loi modifiante du 22 mai 1887 (§§ 75—6: viol; §§ 77—8: inceste; § 81: délit contre la nature: § 82: bigamie; § 83: maquerellerie ou entremise; § 84: adultère et du mari et de la femme).

Grisons. «Strafgesetzbuch für den Kanton Graubünden» du 8 juillet 1851 (§§ 132 & 134: viol; § 135: délit contre la nature; §§ 136—7: inceste; §§ 140—2: bigamie; §§ 143—5: adultère; § 146: couplement). — Polizeistrafgesetz de 1873.

Lucerne. «Kriminalstrafgesetz» de 1860 (§§ 120—1: inceste; §§ 121—2. délit contre la nature; §§ 124—5: bigamie; § 188 & § 189 a: viol). Polizeistrafgesetz de 1861 (§ 149: maquerellage.)

Neufchâtel. «Code pénal» du 21 decembre 1855 (art. 141 & 145: viol; art. 149: bigamie: art. 149—53: adultère). — Projet de code pénal de 1889 (art. 264—7 & 271—2: viol; art. 281: inceste; art. 282: sodomie; art. 283: bigamie; art. 284—7: adultère).

Schaffhouse. «Strafgesetz» du 22 decembre 1858 (§§ 176, 177, 179: viol; § 180: inceste; § 181: bigamie; § 182: délit contre la nature; § 183: maquerellage et entremise).

Schwyz. »Kriminalstrafgesetz» du 15 janvier 1881 (§ 90: viol; § 91: inceste; § 92: bigamie; § 94: maquerellage; § 95: délit contre la nature). — En outre est applicable dans le conton «Polizeistrafgesetz für den Kanton Luzern» du 23 mars 1836 (abrogé en Lucerne).

Soleure. «Strafgesetzbuch für den Kanton Solothurn» du 29 août 1885. (§§ 95, 96a, 97: viol et attentat à la pudeur avec violence; § 100: inceste; § 102: adultère, ayant occasionné un divorce, punissable; § 104: délit contre la nature; § 105: maquerellage).

Saint-Gall. «Strafgesetz über Verbrechen und Vergehen» du 25 novembre 1885. (art. 179—80: maquerellage et entremise; § 181: adultère de l'un et de l'autre époux: § 182: bigamie; § 183: inceste; § 187: viol).

Tessin. «Codice penale per il cantone del Ticino» du 25 janvier 1873. (art. 253, 256—57: viol; art. 262—6: maquerellerie et proxénètisme; art 267—8: bigamie; art. 270: la femme coupable de l'adultère et son complice punissables; art. 271: le mari entretenant une concubine punissable, comme elle aussi; art. 275: inceste).

Thurgovie. «Strafgesetz» du 15 juin 1841. (§§ 102—4 & 109: viol; § 112: inceste; §§ 113—6: adultère; §§ 117—9: bigamie; § 180: délit contre la nature; §§ 121—4: maquerellage et proxénètisme).

Unterwalden-le-Haut. «Kriminalstrafgesetz für den Kanton Unterwalden ob dem Wald» de 1864. (§ 64: inceste; § 65: délit contre la nature; § 66: bigamie: §§ 68—9: viol; § 70: adultère, proxénètisme). — Polizeistrafgesetz du 20 avril 1870 (§ 110: adultère).

Valais. «Code pénal» du 26 mai 1858. (art. 202: inceste; art. 203—8: viol et attentat à la pudeur avec violence; art. 209: bigamie; art. 210: adultère de l'un ou de l'autre époux).

Vaud. «Code pénal» du 18 février 1843. (art. 199-204: viol et attentat à la pudeur violent; art. 206: bigamie: art 207—10: adultère).

Zoug «Strafgesetz» de 1876. (§§ 93—4: viol; § 95: inceste; § 97: bigamie; § 98: adultère; § 99: couplement; § 100: délit contre la nature).

Zürich. «Strafgesetzbuch» du 24 octobre 1870. (§§ 109—10: viol, comp. § 112; § 115: inceste; §§ 117—9: adultère; § 120: bigamie; §§ 121—2: proxénètisme et maquerellage).

Dans tous les cantons ci-dessus mentionnés l'enlèvement de jeunes filles sera puni comme aussi dans la pluspart des cantons l'enlèvement de femmes faites contre leur gré.

Italie. «Codice penale per il regno d'Italia» (dans cette œuvre une traduction en allemand par Dr. Richard Stephan — Berlin 1890 — est employée) (art 331 première partie: viol; art. 337: rapports incestueux, seulement punissables autant qu'ils occasionnent du scandale public; art. 340—4: enlèvement de femmes contre son gré et de filles mineurs; art. 345—8: procuration de prostitution et entremise; art. 353: adultère de la femme; art. 354: adultère du mari entretenant une concubine dans la maison conjugale «o notariamente altrove»; art. 359: bigamie).

Autriche. «Allgemeines Strafgesetz» du 21 mai 1852 (art. 96—7: enlèvement de personnes du sexe; art. 125—7: viol; art. 129—30: délit contre la nature; art. 131 & 501: inceste; art. 206—8: bigamie; art 502: adultère; art. 511—5: proxénètisme et maquerellerie). -- Projet d'un nouveau code pénal, présenté à la législature en 1889 (§ 182: bigamie; § 183: adultère; § 184: inceste; § 186: délit contre la nature; § 199: viol; § 191: maquerellage et procuration de prostitution; §§ 243—5: enlèvement de femmes et de filles).

Hongrie. Strafgesetzbuch de 1878 (en traduction officielle). (§ 332—6: viol; § 241: délit contre la nature; § 243—4: inceste; § 246: adultère de l'un ou de l'autre époux, mais seulement punissables autant qu'il aura occasionné un divorce; §§ 261—2: bigamie; §§ 320—1: enlèvement de personnes du sexe).

Russie. La collection des lois pénales en effet éditée en 1885 avec des édits de modification de 1886, 1887 & 1889.

L'édit de la pénalité des contreventions de police de 1885 avec modifications en 1886 et 1887.

«Strafgesetsbuch für Rusland, Enftwurf der Redaktionskommission, übersetzt von Dr. X. Gretener», Berlin 1885, partie spéciale, crimes (délits) contre personnes. (art. 47—8: enlèvement de jeunes filles et de femmes contre leur gré; art. 61: pédérastie; art. 62, 3, art. 63, 3 & 4, art. 64: viol; art 62. 1, art 67—8: inceste; art. 69: adultère, pas de peine est portée contre la complice; art. 70: procuration de prostitution de personnes du sexe).

Finlande. «Strafflag (ɔ: loi pénale) för Storfurstendömet Finland», adoptée par l'assemblée des états provinciaux en 1888 sanctionnée le 19 december 1889, mais pas encore mise en vigueur. Le texte cité ci-dessus est celui d'une traduction en allemand de ladite loi par mr. Johannes Øhgquist, dans le «Zeitschrift für die gesamte Strafrehtswissenschaft» XI, Berlin 1891 (chap 1 §§ 1-3 adultère; §§ 4—6: bigamie; chap. 20 §§ 1—5: inceste; § 8: connaissance charnel d'une femme aliénée; § 10: maquerellerie; § 12: délit contre la nature; chap. 25 § 2: enlèvement d'enfants au-dessous de l'âge de 15 aus; §§ 4 & 5: viol; § 6: attentat à la pudeur avec violence; §§ 7 & 8: enlèvement du personnes du sexe âgées de plus de 15 ans.

Connecticut (Etats-Unis). Statutes, sect. 1436—7 & 1553—62 (sect. 1436—7: viol; sect. 1553: délit contre la nature; sect. 1554: adultère; sect. 1555: bigamie; sect. 1556: inceste). «An act to punish desertions by husbands and unlawfull cohabitation» du 16 mars 1887.

Massaschusetts. «The public statutes of the common wealth of Massachusetts, enacted november 19, 1881», chap. 202 et chap. 207 (sect. 1: enlèvement de filles au-dessous de l'âge de 15 ans; sect. 3: adultère; sect. 4: bigamie; sect. 7: inceste; sect. 18: délit contre la nature). An act to punish persons guilty of disorderly conduct on steamboats and other conveyances» du 30 mars 1883 (chap. 102). «An act concerning obscene publications» du 8 juin 1885 (chap. 305). «An act concerning the punishment for rape» du 21 juin 1886 (chap. 305). «An act to punish the crime of seduction and other acts of unlawful sexual intercourse du 25 juin 1886 (chap. 329). «An act to punish unnatural and lascivious acts du 16 juin 1887 (chap. 436).

Minnesota. «The penal code of the state Minnesota» de 1885. (sect. 235: viol; sect. 240: enlèvement de personnes du sexe; sect. 256—8: bigamie; sect. 259: inceste; sect. 260: délit contre la nature; sect. 262: adultère)

New-York «The penal code of the state of New-York» du 26 juin 1881. (sect. 278: rape; sect. 282: enlèvement de personnes du sexe; sect. 298—301: bigamie; sect. 302: inceste; sect. 303: délit contre la nature).

Canada. «Les statutes revisés du Canada» de 1886 (texte français officiel) chap. 157; chap. 161 (sect. 4: bigamie); chap. 162 (sect. 38: attaque avec intention de viol; sect. 42—4: enlèvement de personnes du sexe). «Acte modifiant du nouveau la loi criminelle du 16 mai 1890 (53 Vict. chap. 37).

Australie méridionale. «An act for consolidating the Statute Law of the province of South Australia relating to criminal offences and other matters» du 27 octobre 1876 (39 & 40 Vict. no. 38) (sect. 60—1: viol; sect. 68: enlèvement de femmes par un motif de lucre [d'héritières]: sect. 69—70: enlèvement de femmes avec violence ou de filles au-dessous de l'âge de 16 ans; sect. 71—2: crime contre la nature; sect. 73—4: inceste; sect 77: bigamie).

«An act to amend «The Criminal Law consolidation act, 1876» du 11 decembre 1885 (48 & 49 Vict. no. 358).

«An act to consolidate and amend the law relating to the police in South Australia» du 9 février 1870 (33 Vict. no. 15).

Nouvelles Galles du Sud. «An act to consolidate and amend in certain respects the Criminal Law» — du 26 avril 1883 (46 Vict. no. 17) (sect. 39: viol; sect. 45—9: enlèvement d'héritières, de femmes contre leur gré ou avec violence, de filles âgées de moins de 16 ans; sect. 54: bigamie; sect. 59—60: crime contre la nature).

Nouvelle-Zélande. An act to consolidate and amend the Statute Law relating to offences against the person» du 10 octobre 1867 (31 Vict. no. 5). sect. 45: viol; sect. 50—2: enlèvement de femmes ou filles; sect. 54: bigamie; sect. 58—9: crime contre la nature).

«An act to amend «The offences against the person act, 1867» du 13 août 1874 (38 Vict. no. IV); et loi modifiant cet acte du 16 septembre 1889 (53 Vict. no. 17).

Victoria. «An act to cosolidate the Law relating to Crimes and Criminal offenders» du 10 juillet 1890 (55 Vict. no. 1079). (sect. 42—3: viol; sect. 50—2: enlèvement de femmes par un motif de lucre, ou contre leur gré et de filles âgée de moins de 16 ans; sect. 54: bigamie; sect. 58—60: crime contre la nature).

«A Bill to further amend the Criminal Law and for other purposes», présenté à la législature le 1 octobre 1890.

www.ingramcontent.com/pod-product-compliance
Ingram Content Group UK Ltd.
Pitfield, Milton Keynes, MK11 3LW, UK
UKHW031948260826
14628UKWH00004B/1934

9 782014 024029